나라 위해 목숨 바친 안동선비

이중언

나라 위해 목숨 바친 안동선비

이중언

김희곤 지음

경인문화사

책머리에

국치백년國恥百年이다. 나라 잃으면 노예된다는 사실, 나라를 빼앗긴 뒤에야 비로소 깨달았다. 땅도 잃고 사람도 짓밟혔다. 고통의 긴 늪을 지나면서, 후손에게만은 물려주지 말자고 다짐도 여러 차례, 하지만 막상 광복을 이룬 뒤에는 그런 다짐은 어디가고 없었다. 그렇게 당하고서도 아무런 교훈도 얻지 못한 모양이다. 나라 잃고 겪은 아픔은 더러 말하면서도, 왜 나라를 잃었는지, 누구에게 책임이 있는지, 그것은 결코 따져보질 않는다. 그런 아픔을 겪고서도 반성은 커녕, 손에 쥘 것만 따진다.

백년 앞서 나라를 잃을 때 모습이 지금과 많이 다를까. 그렇지 않아 보인다. 대표적인 현상이 편 가르기다. 지금 온 국민은 자신도 모르는 사이에 편 가르기의 대상이 되고, 또 스스로 그런 일에 휩쓸리고 있다. 어떤 일을 심각하게 따져보고 이해한 뒤 주장하는 것이 아니라, 미리 편을 갈라 한 목소리만 외친다. 마치 왜가리 같다. 이런 현상은 어디에서 왔나. 권력욕에 매달린 사람들이 만들어낸 비극이다. 이들은 두고두고, 어쩌면 우리 역사가 존재하는 날까지 비판의 대상이 될 것이다.

이런 마당이지만, 그래도 다시 한 번 역사에서 가르침을 찾는다. 나라가 무너져 가던 날, 시골의 한 선비가 무엇을 원하고, 무엇을 하다가, 어떻게 세상을 떠났는지 한 번 살펴보자. 바른 것과 그른 것을 가리고, 오직 바른 길로만 걸어간 한 선비의 삶을 따라가보자. 그러면 그가 가진 뜻이 보이리라. 국치백년을 맞는 2010년, 그것도 광복절이 들어있는 8월에, 우리 정부가 그를 '이달의 독립운동가'로 선정하고 기리는 이유도 거기에 있을 것이다.

안동선비 동은東隱 이중언李中彥!

그는 이름이 널리 알려진 선비가 아니다. 문과에 합격하여 벼슬살이도 했지만, 그렇다고 높은 직책을 받은 일도 없다. 그것마저도 잠깐, 대부분은 초야에 묻혀 지냈다. 그는 늘 무엇이 바르고 그른지, 칼날처럼 따져 살았다. 국모가 시해되고 단발령이 내리자, 그는 의병을 조직하고 앞을 섰다. 외교권을 빼앗기자, 상소를 올려 을사5적의 목을 치라고 추상같이 요구했다. 나라를 빼앗기자 27일 동안 음식을 끊어 순절하였다. 정작 죽어야할 인물은 나라 팔아먹고 나라 망하게 만든 인간들인데, 그들은 천명을 누렸다.

오히려 깨끗하게 살았던 그가 목숨을 끊었다. 그의 선택은 겨레의 자존심이다. 왜 우리가 식민지가 되어서는 안 되는지 말해준다. 결코 꺾이지 말고 나라 되찾는 일에 힘써, 나라를 되세우라는 주문이 거기에 담겼다. 자식에게 자리나 명예를 주라고 순국한 것이 아니다. 자신의 집안에 권력을 몰아달라고 그런 것도 아니다. 오로지 나라와 겨레를 위한 희생이다.

그는 우리에게 사욕을 버리라고 요구한다. 개인이기주의·집단이기주의·문중이기주의를 버리라고 말한다. 부디 편 가르기를 벗어나, 더불어 살면서 강한 나라를 만들라고 깨우친다. 그렇지 않고, 지금처럼 편 가르기를 이어간다면, 또 다시 비극을 막을 수 없다고 가르친다.

퇴계 묘소 아래 주춧돌처럼 버티고 서 있는 동암 東巖바위, 바로 그 아래에서 태어나 살다가 그곳에서 삶을 마감한 안동선비 동은 이중언, 그의 삶은 우리에게 서슬 푸른 가르침을 주고 있다. 이 책을 통해 그러한 사실을 알리고 싶다.

이 책을 펴내는 데 도움을 주신 분들께 감사드린다. 먼저 증손자 이동일 선생의 애정은 남달랐다. 잊혀진 증조부 역사를 되살려내려는 그의 노력은 아는 이들을 감복시킨다. 그리고 사진을 찍고 자료를 챙겨준 안동독립운동기념관 한준호 학예연구원의 역할도 컸다. 끝으로 경인문화사의 한정희 사장님과 편집부에게도 감사의 인사를 드린다.

대한민국 92년(2010) 8월
'이달의 독립운동가' 선정을 기념하며
안동독립운동기념관에서
김 희 곤

동은 이중언 선생 영정

이중언 선생 묘소(동작동 국립묘지 애국지사 묘역)

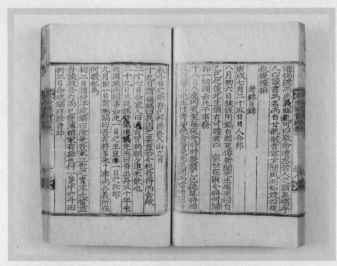

단식을 시작하는 날부터 순국하기까지를 기록한 고종일록考終日錄

건국공로훈장증

나라 위해 목숨 던지니,
겨레여 꺾이지 말라

가슴에 품은 칼날 같은 마음
그 누가 이를 풀어 줄 수 있으랴.
하늘마저 이미 끝나고 말았으니
죽지 않고서 또 무엇을 할까.
내가 죽지 않고 있으니
향산옹香山翁이 빨리 오라 재촉하네.

(「述懷辭」, 『東隱實紀』)

이는 동은東隱 이중언李中彦이 남긴 「술회사述懷
詞」이다. 가슴에 가득 한恨이 쌓여 덩어리가 되니 원
怨이다. 비수匕首 같은 덩어리가 되었다. 하늘이 무너
졌으니, 다른 길이 달리 없다. 늘 존경하고 의지한 집안 숙부 향산響山 이만도李晩燾가 24일 단식한 끝에 순국했고, 스스로도 그 길을 따라 나섰다. 그래서 음식 먹기를 끊은 지 12일 되던 날, 이중언이 이 글을 읊었다. 힘들어도 그 길을 가겠노라고.

이보다 열흘 앞선 10월 11일(음 9.9), 곧 단식을 시작하던 바로 다음날, 그는 「경고문警告文」을 지었다. 나라가 무너진 마당에 오직 나아갈 길은 사생취의捨生取義, 목숨을 던져 의로움을 택하는 것뿐이라는 뜻을 선언했다. 내 한 목숨 던져 의로움을 세울 터이니, 동포들이여 나라가 무너졌다고 쉽게 꺾이지 말고 뜻을 세우고 맞서 싸우라는 강한 뜻을 담았다.

하늘이 임금을 냈기 때문에 백성이 있게 되고 사물이 있게 되었으니, 부모는 포용하고 자식은 효도하며 임금은 의리를 지키고 신하는 충성을 다해야 하는 법이다. 고금古今을 통해 이것은 사람이 지켜야할 규범이 되어왔으니, 하늘의 운행원리가 아니겠는가. 대동大東에서 짐승의 무리들이 사람뿐만 아니라 산하山河까지 위협하는 행태가 옛날과는 다른 모습을 보이고 있는 형편이라 결단코 다른 재주를 부릴 여지는 없다. 한 치의 마음도 변하거나 굽히지 말고,

삶을 포기하는 한이 있어도 의리義理를 택해야 하는 것이 옛 성현의 가르침이다. 탁견이도다! 향로響老(향산 이만도)께서 조용히 나라를 위해 몸을 바쳐 돌아가심에 나도 그 뒤를 따라가 하늘에 계신 여러 성현들에게 인사를 드리고 싶은 심정뿐이다. 오호라! 우리 동포가 힘써 매진할 때가 지금이 아니고 또 언제일까.

나라가 망했다. 이미 그럴 기미도 여러 차례 보였다. 그래서 1881년에는 만인소를 올려 나라가 잘못되고 있다고 지적했고, 1895년에는 의병을 일으켜 싸워도 보았다. 1905년에 외교권을 빼앗겼을 때는 서울로 가서 을사5적을 목 베라고 상소를 올리기도 했다. 그렇게도 애를 썼건만, 끝내 나라를 잃었다. 그는 역사적인 책임이 있다고 생각했다. 집권 노론세력이나 세도가문처럼 관직을 오래 누리지는 못했지만, 그래도 대과에 합격하여 잠시라도 관직을 맡았다는 생각 때문이다. 나라가 무너진 지금, 이제 그가 택할 길은 의리뿐이라고 여겼다.

마침 이만도의 단식 소식이 들려왔다. '역시 우리 숙부'라고 생각한 그는 그 뒤를 따르기로 마음을 정했다. 주변 일을 정리하고 마음을 가다듬고 기다렸다. 벼르고 벼르던 마지막 선택의 날이 눈앞에 이른 것이다. 마침내 10월 10일(음 9.8), 24일 동안 단식한 끝에 이만도가 순국했다는 소식이 들려왔다. 그는 바로 음식을 끊었다. 그리고 27일 만인 11월 5일(음 10.4), 그도 세상을 떠났다. 한 마을 한 집안에서 장렬한 역사를 펼쳐나간 것이다. 안동시 도산면 하계마을, 진성이씨 문중에서 1910년 가을에 벌어진 대사건이었다.

나라가 망하자,
음식을 끊고 순국하다

「고종일록^{考終日錄}」, 이중언이 목숨을 끊어가던 과정을 적은 기록이다. 그를 모시던 인물들이 하루하루 있은 일들을 간단하게 적었다. 이만도의 순국에 『청구일기』가 있듯이, 그의 순국과정에도 이런 기록이 남겨졌다. 그 내용을 살펴 최후의 모습을 따라 가보자.

나라가 무너지는 것을 붙들 수도 없다. 의병도 일으켜 싸워보았고, 외교권을 빼앗길 때는 다섯 도적의 목을 베라고 상소도 올려 보았다. 그러나 어느 것 하나 이루어지지 않았다. 왜적을 막아 나라를 되살릴 길이 보이지 않는다. 그래서 그는 문을 걸어 잠그고 잠적한 채로 살았다. 이웃 어른 이만도는 산으로 들어갔다. 세상만사가 뒤틀려 어느 하나 바르게 돌아가는 것이 없는 나날이었다.

국치國恥, 마침내 나라를 잃었다. 1910년 8월 29일, 나라가 망했으니, 하늘이 무너진 것이나 한 가지다. 마치 꿈속에서 들리는 것처럼, 믿기지 않았다. 하지만 열흘쯤 지나 안동에 나갔다가 돌아온 집안 조카 용호用鎬로부터 자세한 소식을 듣고서, 그는 이제 다른 길이 없음을 헤아렸다. 모든 것을 정리하기 시작한 것도 이 때문이다.

만 60세를 맞은 이중언, 목 놓아 통곡하던 그는 "을사년 조약이 강제로 체결된 이후 오로지 한 올의 명주실과 다를 바가 없이 목숨을 영위해온 사람이다. 나라가 이 지경에 이르게 되었으니 내가 어찌 감히 살아있는 인간으로 자처하겠는가."라고 말했다. 그리고는 집 깊숙한 곳의 좁은 방에 들어가, 다시는 집 밖으로 한 발짝도 나가지 않았다. 밖에서 찾아오는 사람들도 만나지 않고 집안일에 간여도 하지 않았으며, 때때로 을사년에 올린 상소문, '다섯 역적의 목을 베소서'라고 주문하던 글을 읽으면서 눈물을 쏟거나 비분에 젖어 목침으로 자신의 가슴을 두드릴 뿐이었다.

나라를 잃은 1910년 가을, 온 세상은 어둡고 갈

길은 보이지 않았다. 문을 걸어 닫고 세상과 발을 끊은 이중언은 갈 길을 가늠하고 있었다. 결국 자정순국이 유일한 길이라는 생각을 굳혀 나갔다. 나라의 자존심을 살리고 겨레의 가슴에 결코 꺾이지 않는 힘을 불어 넣겠다는 생각이었다. 그 날이 대개 9월 9일(음 8.6)이라 생각된다. 두문불출하며 각오를 굳혀가던 무렵에 마침 들려온 향산 이만도가 단식을 시작했다는 소식은 그로 하여금 마지막 결단을 내리는 계기를 마련해 주었다. 이만도가 단식에 들어간 9월 17일(음 8.14)보다 나흘 지난 9월 21일(음 8.18), 그는 소식을 들었다. 이만도는 재산 묘막에서 단식을 시작하였는데, 조동걸, 「響山 李晩燾의 독립운동과 그의 遺志」, 『民族 위해 살다간 安東의 近代人物』, 안동청년유도회, 2003, 204쪽. 그 소식을 이중언만 늦게 들은 것이 아니라, 아들 이중업李中業이나 며느리 김락金洛도 마찬가지였다. 『靑邱日記』, 1910년 8월 17일조(음); 김희곤, 「민족의 딸, 어머니 그리고 어머니」, 『民族 위해 살다간 安東의 近代人物』, 안동청년유도회, 2003, 465쪽.

그는 이미 향산이 단식에 들어가리라 짐작하고 있었던 것 같다. 향산이 단식한다는 소식을 듣자마자 놀라 벌떡 일어나서 "우리 숙부니까 이런 일을 하시

향산공원(예안면 인계리)

● 향산 이만도 순국유허비의 탁본

향산 이만도가 순국한 곳에 세워진 유허비. 앞면은 백범 김구가 쓰고,
뒷면은 위당 정인보가 지었다.

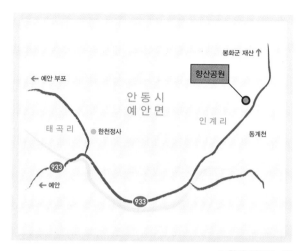

● 향산공원 가는 길

는 것이다. 나는 우리 숙부의 이런 결행이 있으리라
는 것을 진정 입산하시던 날부터 짐작하고 있었다.
훌륭하신 일이 아닌가! 통쾌한 일이 아닌가!"라고
말했다는 대목에서 확인된다.

　그러다가 마침 9월 21일(음 8.18) 사종숙부 향산
이만도의 단식 소식을 들었다. 학문이면 학문, 과거
면 과거, 생활이면 생활, 모든 것을 의지하고 지침
으로 삼아 지내던 옆집 숙부였다. 그런 이만도가 순
국의 길을 택했다는 소식을 들은 것이다. "과연 우
리 숙부다.", 이것이 이중언의 외침이었다. 그는 이미

그를 따르기로 작정하고 있었다. 혁신유림으로 이름 높은 동산東山 류인식柳寅植의 제문에서 그런 장면이 드러난다. 안동 내앞마을에서 협동학교를 열어 민족 인재를 키우고 있던 류인식에게 맏사위 김만식이 "우리 장인이 반드시 뒤이을 것이다."라고 던진 한마디가 그것을 말해준다.

그 길을 따르기로 마음먹었다. 하지만 잠시 늦추었다. 30리 떨어진 청구동에서 이만도가 단식하고 있어 집안 청년들이 긴박하게 움직이고 있었는데, 여기에 자신마저 함께 단식에 들어간다면 그들을 매우 번거롭게 만들 수밖에 없기 때문이다. 이를 헤아린 이중언은 이만도의 소식에 귀를 기울이면서, 밥을 거절하고 미음만 먹었다. 그리고는 아들 서호瑞鎬와 장조카 빈호斌鎬에게 집안일을 하나씩 당부하였다. 특히 장조카인 빈호에게는 선조 제사에 정성을 다하라고 이르면서, 소 한 마리와 밭 여섯 두락을 넘긴다고 밝혔다.

그래서 그는 향산이 순국하는 날을 자신의 단식 시작일로 잡고, 향산의 다음 소식을 기다렸다. 그러다가 마침내 10월 10일(음 9.8) 이만도가 순국했다는 소식이 들려왔다. 그는 마음에 새겨둔 그대로 밀고 나아갔다. 「고종일록」에는 그날의 정황을 다음과 같이 적었다.

선생은 통곡하면서 곧바로 몸을 씻고 머리를 빗은 다음 천사川沙에 있는 아버지의 사당祠堂에 가서 인사를 드리다. 서호(아들-필자 주)가 견여肩輿를 타고 가시라고 요청했지만, 선생은 "내가 어찌 상처가 생기는 것을 염려할 것인가?"라고 말하다. 그리고는 걸어서 강을 건너가 사당 앞에 엎드려 통곡한 다음 그 길로 임북林北(林富谷-필자 주)으로 가서 부모 묘소에 나아가 공손히 절을 올리다. 그리고 조부 이하 모든 사당에 두루 인사를 드리다.

이승에서 마지막 인사를 드리러 나선 길이었다. 마침 바람이 매서운데다 물마저 차가워, 아들과 조카들이 가마를 타고 다녀오길 권했다. 그러나 그는 "내 몸이 상처를 입어 손상되었는데 어찌 발이라고 해서 아까워하겠는가."라 말하고는, 걸어서 강을 건너가 사당 앞에 엎드려 곡했다. 그리고는 곧바로 임북林北(임부곡)에 있는 부모 묘소를 살핀 다음 큰 종가 이하 모든 선조들의 사당을 두루 찾아가 참배했다.

여기에서 한 가지 살펴보고 넘어갈 것이 있다. '천사川沙에 있는 아버지의 사당祠堂'이라는 부분이다. 천사川沙는 내살미라고 불리는데, 하계마을 앞을 흐르는 낙동강 건너편이다. 그렇다면 부친 만우晩佑의 사당이 그곳에 있었다는 뜻이다. 뿐만 아니라 일곱 살 많은 형님 중팔中八이 1902년에 만 59세로 이미 세상을 떠났으므로, 그의 위패까지도 모셔진 사당일 것이다. 만약 사당이 본집 바로 뒤편이나 가까운 곳에 있었다면, 자신의 큰 집, 곧 형님 중팔中八을 계승한 장조카 빈호斌鎬의 집이 그곳에 있었다는 말이 된다. 빈호는 이중언보다 열한 살 적은 장조카였다. 이중언은 장조카를 가장 신임했고, 또 단식과 순국과정에서도 가장 가까이에 두어 시중들게 했던 인물이다. 사당이 대체로 본채 바로 뒤편에 세워지는 점을 생각한다면 장조카 빈호의 집이 내살미에 있었던 것으로 봐야 자연스럽다. 다만 일제강점 말기에 큰 집이 하계마을 동쪽인 하동에 있었다고 전해지는 점으로 보아, 빈호가 뒷날 내살미에서 다시 하계마을 하동으로 옮겨온 것이 아닌가 짐작된다. 정리하자면, 이중언은

세상을 떠나는 길에 나서면서 부모와 형님의 사당에 인사를 드린 것이 된다.

선조들에게 자신의 의지를 고하고 돌아온 순간이 단식 시작점이었다. 귀가하자마자 집안 사람들이 권한 미음도 받지 않았다. "내 뜻이 정해진지 이미 오래되었으며 나를 기다리는 사람도 있다. 그러니 이후로 다시는 죽을 가져오지 말도록 해라."고 그는 분부했다. 한밤중에 이만도를 태운 상여가 본 집으로 돌아오자, 그는 시신을 부둥켜안고 울면서 "숙부! 잘 돌아가셨습니다. 숙부! 잘 돌아가셨습니다. 조카

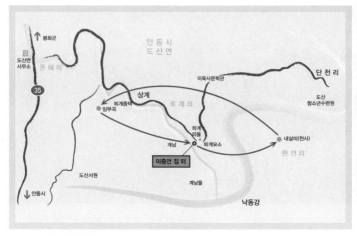

● 단식 직전 참배길

도 마땅히 숙부를 따르겠습니다."고 말했다. 평소 족
숙이요, 학문과 과거, 관직에서 한 걸음 앞을 걸어간
이만도를 그는 존경하고 살았다. 그리고 이제 마지
막으로 존경하던 선배의 길을 스스로 따라가기로 다
짐했다.

그가 단식을 선언하자, 부인과 아들은 당연히 만
류하고 나섰다. 그러나 그의 뜻은 단호했다. 아들 서
호瑞鎬가 울면서 고하였으나 한 치 흔들림도 없었다.
오히려 이중업을 보라고 나무랐다. 이만도의 아들 이
중업이 얼마나 굳건하게 버티고 있는 지, 보고 배우

라고 명한 것이다. 딸이나 조카들이 찾아와서 만류해도 손사래 치기는 마찬가지였다. 더러는 이중언의 용기를 높이 치하하는 사람도 있었지만, 그는 애써 손을 내저으며 그만두라고 말했다. 그 가운데 을미의병에서 함께 태봉전투에 참가했던 김도현이 10월 14일(음 9.12) 방문하여 눈물로 이별했다. 그는 이만도의 제자요, 예안의병의 중군이자, 영양의병장이던 인물이다. 그는 단식하던 이만도 앞에서 부모님을 여읜 뒤에 순국의 길을 택하겠다고 다짐했던 사람이기도 하고, 실제로 1914년 동짓날 영해 관어대觀魚臺에서 바다를 걸어 들어가 장렬하게 삶을 마치게 되는 위인이기도 하다. 그런 김도현이 오자, 이중언은 "내가 죽지 않기를 원해서 이렇게 왔나?"라고 먼저 되물었다. 김도현도 그가 뜻을 돌이킬 것이라고는 생각하지 않았을 터, 오로지 작별 인사가 목적이었을 것이다.

또 맏사위 김만식의 숙부인 김소락金紹絡이 동은을 찾아와 "황제로부터 받은 은총이 향산響山보다 적으니, 굳이 향산을 따라 단식할 필요가 없지 않겠습니까?"라면서 단식을 그만두라고 간곡하게 말렸다. 그러자 동은이 "부인의 수절守節 여부도 남편의 은공

恩功 차이에 따라 결정되는가?"라고 되물었다. 대과에 합격하고서도 관직에 나아간 기일이 짧으므로 굳이 향산의 길을 따를 필요가 없다는 논리로 단식을 만류하려 했던 것이 김소락의 뜻이었다. 그런데 남편이 아내에게 베푼 은공이 적다고 남편이 죽은 뒤 부인이 수절하지 않아도 된다는 말이냐고 그가 되물은 것이다.

사실은 김소락도 굳이 단식을 만류하기보다는, 조카 김만식의 장인인 이중언의 뜻을 높이 평가하면서 영원한 이별의식을 치르기 위한 만남을 가진 것이라 여겨진다. 그래서 김소락은 뒷날 그 날을 회상하면서, 다음과 같이 이중언을 평가하였다. 먼저 강직하면서도 예리한 자세를 유지하면서 내면에는 인자하면서도 포용적인 복합적 면모를 갖추고 있었다는 점이다. 이어서 고귀한 신분에도 불구하고 관용과 포용을 베풀고, 무모할 정도의 용기를 간직했으면서도 겸손과 공경으로 일관했던 풍모를 가진 인물이라는 평이다.金紹絡, 「家狀」(1915), 『東隱實紀』 외유내강이라는 말이 잘 어울리는 인물이다. 자신에게는 한 없이 날카로우면서도, 남에게는 너그럽기 짝이 없는 사람이다.

이중언은 단식을 시작한 다음날인 10월 11일(음 9.9) 일제를 향해 경고하는 글을 썼다. 「경고문警告文」이라 제목을 붙인 이 글은 자신이 단식순국을 결행하는 이유와 목표를 분명하게 드러낸 것이다. 그는 먼저 짐승 같은 무리들의 위협을 받고 있는 상황에서 '선택할 수 있는 유일한 길은 의리뿐'임을 강조했다. 다음으로 그는 이만도에 이어 자신도 나라를 위해 스스로 목숨을 포기하여 의리를 지킴으로써 우리 동포가 모두 여기에 매진하여 일제강점을 용납하지 않도록 하는 초석이 되겠다는 희망을 이 글에서 밝혔다. 「警告文」, 『東隱實紀』

단식을 시작한 지 12일째 되던 10월 21일(음 9.19), 그는 족손族孫이자 예안의 선성의진에서 활약했던 이선구李善求를 돌아보면서 관棺을 준비하라면서 시 한 수를 읊었다. 다만 옻을 칠한 좋은 관을 쓰지는 말라고 당부했다. 그러면서 "어제 밤 정신이 희미한 가운데 우연히 시 몇 구절을 얻었다. 오로지 도道에 관한 것인데, 나의 실정을 말하는 것 같았다."라고 말하면서 시를 읊었다. 앞에서 본 「술회사」가 여기에서 나왔다. 칼날 같은 마음을 풀지 못하는 처지를 탄식하면서, 순국한 이만도가 자신을 어서 오라 부르고 있다고 읊었다. 다짐하고 또 다짐한 것이다. 꿈에 이만도를 만났다면서 갈 날이 멀지 않다고 말했다.

며칠 뒤 그는 "어제 밤 꿈속에서 향산옹을 찾아 백동栢洞에 갔는데, 반기고 즐거워하는 모습이 생전 그대로인 것을 보니 우리가 기약한 날도 얼마 남지 않은 것 같구나."고 말했다. 향산 이만도를 꿈에서 만났다. 그것도 순국한 그곳으로 찾아가서 만났다니 얼마나 그가 적극적이었는지 헤아릴 만하다. 상복차림으로 대기하던 친족들에게 그는 일일이 뒷일을 당부하면서 작별인사를 나누었다. 염습도 얇게 하고, 장례도 달을 넘기지 말고 간단하게 치르라는 것이 그의 당부였다.

맏딸이 와서 울고, 사위들이 안타깝게 인사드렸다. 보름이 지나니 목이 막혀 말하기 힘들어졌다. 그런데 참으로 난감하고 가슴 아픈 일이 거듭 생겼다. 네 살 먹은 손자가 갑자기 세상을 떠난 것이다. 스스로야 뜻을 세워 순국의 길을 가고 있지만, 가족과 친척들은 비상대기 상태다. 세상을 떠나려는 어른을 모시기도 힘들고, 오가는 손님을 맞이하느라 그것도 번잡하기 짝이 없다. 그런 틈에 며느린들 자식 돌보기가 어디 쉬웠을까. 그런 틈에 손자가 갑자기 요절하고 말았다. 얼마나 귀엽고 고운 손자인가. 며느리 박씨를 불러 다독였다. 목이 막히고 메여 말하기도 힘들지만, 며느리에게는 어떻게든 위로해야만 했다. 하루라도 빨리 잊으라고 말하는 수밖에. 그렇다고 자신의 뜻을 굽힐 수도 없으니, 참으로 난감한 일이 아닐 수 없었다. 나흘 뒤에는 며느리에게 다시 당부했다. 이번에는 성격이 급한 아들에게 좋은 내조가 필요하다고 일렀다. 다시 장조카에게도 아들을 부탁했다.

그가 세상을 떠나기 전에 외가 문제도 고민꺼리였다. 안동 임하臨河가 외가이다. 자손이 끊겨 외롭게 되어버린 외가를 늘 걱정했던 그다. 그래서 만년에 외조부의 양자를 구해 대를 잇게 만들었다. 그렇게 구해들인 양자, 곧 그에게 외숙이 되는 사람은 자신보다 마흔 한 살이나 어린 김언락金彦洛이다. 그래서 단식 25일째 되던 날에 외숙이 찾아오자, 추운 날씨에 헐벗을까 염려하여 옷을 주라는 것이 그의 말이었다.

11월 5일(음 10.4) 일본 순사 3-4명이 조사한답시고 방문하여 음식을 강제로 권하라고 요구했다. 혼미해 있던 그가 갑자기 일어나 곁에 있던 사람에게 "너는 저런 놈들을 빨리 쫓아내지 않고 뭘 하느냐. 내가 당장 저놈들을 칼로 베어 죽이리라."고 했다. 정신을 잃어가던 마지막 순간까지도 그의 기개는 서릿발 같았던 것이다. 임종이 가까워짐에 따라 시자侍者가 상투의 끈을 정돈하고 수염과 머리를 빗긴 다음 손을 들어 옷깃을 여미고 반듯하게 눕히니 숨을 거두었다. 단식을 시작한 지 27일 만인 11월 5일(음 10.4), 저녁 6시 무렵이다. 이렇게 그는 세상을 떠났다.

숨을 거두기 앞서, 그는 글을 남겼다. 자신이 세상을 떠난 뒤에 펼쳐보라고 가족들에게 일러준 봉서封書였다. 겉봉투에 풀을 칠하지 않고 단지 '봉封'이라는 글자만 적힌 봉투였다. 거기에 담긴 글이 바로 「경고문警告文」이다. 이 글은 그가 단식을 시작한 다음날 아침에 쓴 것이다. 거기에는 자신의 단호한 의지와 겨레에게 일러두는 말이 들어 있었다. '규범이 무너진 세상이라면 삶을 포기하는 한이 있어도 의리를 지켜야하는 것이 성현의 가르침'이라는 점을 밝히면서, 향산이 선택한 길을 따라간다는 의지를 분명히 밝혔다. 그러면서 그는 우리 겨레가 힘써 매진할 때임을 일렀다.

여기에서 한 가지 중요한 사실도 확인된다. 바로 그 글 아래에 '동은東隱'이라는 호가 적혀 있던 것이다. '동은'이라는 호는 살아서 사용한 것이 아니라, 죽은 뒤에 그가 불릴 이름이다. 이 세상을 떠나면서, 자신의 삶과 뜻을 담아낸 것이 바로 이 '동은'이라는 호였다. 동암 선조가 터를 잡은 마을, 그 마을을 지켜보던 '동암' 바위 아래에서, 조용히 은거하고 살아간 선비가 바로 '동은'이었다. 그는 그렇게 불리고 평가되기를 원했던 것이다. 11월 21일(음 10.20), 그는 부친 묘소 곁에 묻혔다. 그 임부곡 골짜기에는 형님도 먼저 묻혀 있었다.

그가 태어난
안동 도산면 하계마을

안동에서 북쪽으로 25km 남짓 달리면 도산서원
입구에 이른다. 서원을 향해 가파른 벼랑길을 꺾어
들어 도산서원 주차장에 이르고, 다시 새로 만들어
진 언덕길을 하나 넘으면 퇴계退溪 이황李滉의 종가
로 향하는 길을 만난다. 이곳이 상계上溪인데, 집이
라고는 종택만 보일 뿐이다. 만약 국도에서 도산서원
좁은 길로 들지 않고, 그냥 국도를 따라 북쪽으로 산
길을 넘으면 온혜마을이 나온다. 용두산龍頭山 계곡
물이 건지산搴芝山과 영지산靈芝山 자락 사이를 졸졸
흘러나와 만들어진 온계溫溪, 따뜻한 물이 앞을 흐른
다고 지어진 온혜마을, 지금은 조그만 온천도 들어선
이곳이 퇴계가 태어난 마을이다.

● 하계마을 가는 길

　안동에서 온혜로 가다가 마을로 들어서기 전에, 파
출소 맞은편 동쪽 골짜기로 접어들면 상계로 가는 길
이 된다. 본래 이 길이 토계土溪 물줄기를 따라 가는
길이다. 온계를 떠나 물길을 좇아가다보면 퇴계종가
가 단아하게 터를 잡은 상계에 이른다. 지금은 종가
본채와 사랑채인 추월한수정秋月寒水亭만 조용하게
앉아 있어서, 옛날 종가 앞으로 벌려서 있던 마을 형
세를 짐작하기도 힘들다.

　상계에서 다시 좁다란 골짜기를 1km 남짓 더 내
려가면 골짜기가 삐죽 열리면서 낙동강 한 자락이 눈

● 퇴계 묘소 (도산면 토계리)

앞에 다가선다. 토계가 낙동강 본류로 접어드는 어귀, 이곳이 하계下溪이다. 지금은 황량한 바람만 몰아들지만, 이곳에 하계마을이 있었다.

하계는 퇴계의 유적지이자 퇴계가 영원히 잠든 곳이기도 하다. 일찍이 퇴계가 양진암養眞庵을 짓고 사유하던 곳이자, 1546년에 '동암에서 뜻을 말하다.'라는 '동암언지東巖言志' 두 편을 노래한 곳도 여기다. 더구나 그가 마지막 유택을 정한 곳이 바로 이 마을 뒷산이다. 산소 입구에 버티고 선 동암은 마치 수호신인 듯하다. 그 아래 터를 잡은 하계마을은 뒤로 퇴계 선조를 모시고, 앞으로는 낙동강을 향해 발을 뻗었다. 자랑스러운 선조의 묘소를 지키는 마을이라는 느낌도 주지만, 오히려 가르침에 털끝만큼도 벗어나지 않는 기품이 배어 있는 곳이기도 하다. 그 발치 아래 토계천을 건너 계남溪南 마을이 들어섰다. 그리고 뒷산을 비켜 동쪽으로 한 걸음 더 나아가면 원촌遠村마을, 다시 한 걸음 더 가면 단사丹沙마을, 낙동강 개울 너머가 천사川沙(내살미)마을이다. 이들 마을은 모두 퇴계 손자인 동암東巖 이영도李詠道의 후손들이 펼쳐 나간 공간이다.

동암이 터를 연 하계마을에서 조선후기를 장식한 많은 인재들이 배출되었고, 그들이 남긴 족적은 역사 속에 뚜렷하게 드러난다. 그렇지만 지금 이곳에 서서 옛 모습을 조금이라도 짐작할 사람은 전혀 없다. 1976년에 안동댐이 들어서면서 옛 마을은 사라지고, 그렇게 많던 고택들이 뿔뿔이 흩어지거나 사라져 버렸기 때문이다. 그러한 사연들을 알 길이 없는 길손들은 말로만 듣던 그 하계마을이 겨우 이런 것이냐면서 의아스런 눈빛을 띠게 마련이다. 150호를 자랑하던 마을은 안동댐 만수선에 걸려 모두 사라지고, 물

● **동암의 모습**
도로가 생기는 바람에 바위가 파묻혀 위용을 잃었다.

이 들어차지 않을 때는 황량한 빈 밭으로 만신창이가
된 몸을 드러내고 지낸다. 또 퇴계묘소 입구에 버티
고 섰던 동암은 흙 속에 몸을 반이나 파묻히는 바람
에 위용을 잃었다. 그 모습이 마치 몰락을 상징이라
도 하듯, 안타깝기 그지없다. 자신의 유택 발치 아래
에서 역사적 유산을 이어가며 4백년이나 문화를 꽃
피우던 후손들을 퇴계가 흐뭇하게 지켜보았을 터. 그
러다가 어느 한 순간에 마치 아무것도 없던 양, 허망
스럽게 변해버린 골짜기를 내려다보는 퇴계의 심정

은 과연 어떠할까? 수몰된 지 30년 넘은 세월에 지나
지 않지만, 옛 모습을 전해줄 인물조차 찾기 힘든 오
늘을 어떻게 설명해야 할 지, 그저 막막하기만 하다.

하계와 계남마을에 있던 건물 몇 채를 만수선 위
로 옮겨 놓았다. 그렇다고 옛 모습을 말해주기에는
터무니없다. 만약 이곳에 하계마을 역사를 말해주는
기념비 하나 없다면 지나는 길손들은 누구도 옛 이야
기를 알 수 없을 것이다. 아쉽기야 한량없지만, 그래
도 마을 앞에 근년에 세워진 '하계마을 독립운동 기
적비紀蹟碑'가 마을의 존재와 역사를 전해주고 있어
그나마 다행이다. 만약 이 기념비마저 없다면 그 누
가 이곳에 민족의 영웅들이 태어나고 바른 역사를 일
갈하던 곳이라 알 수 있으랴. 조동걸 교수가 지은 비
문을 보면서 이 마을 내력을 짚어보자.

우리역사 오천년에 가장 우리다운 것은 선비의 삶이
다. 선비는 누구나 추구하는 인간상人間像으로 글과 도덕
을 존중하고 의리와 범절을 세워 살아가는 모든 이를 말한
다. 하계촌下溪村에도 그런 사람들이 살았다. 하계촌의 인
적은 450년 전에 퇴계退溪의 양진암養眞庵에서 비롯되나

하계마을 독립운동기적비

마을은 4백 년 전에 선생의 손자 동암東巖 이영도李詠道께서 개척하였다. 진성이씨眞城李氏 집성촌集姓村으로 1975년 안동호安東湖가 범람할 때까지 370년간 선비의 기상을 드높여왔다. 이곳 선비들이 표방한 퇴계사상의 요체는 인仁과 경敬에 있는데 표현방법은 때에 따라 달랐다. 임진왜란 때 기의起義했던 동암東巖은 병자호란을 당하자 79 고령에 비분감질悲憤感疾로 세상을 마쳤고 선생 12세손 향산響山 이만도李晚燾와 13세손 동은東隱 이중언李中彦은 경술국치 때 자정自靖으로 순국하였다. 치택致澤 인생을 견위수명見危授命으로 마감한 것이다. 이런 전통은 다시 독립운동으로 꽃피어 청사靑史를 새롭게 빛냈다. 고사故事를 알려거든 여기서 백보百步 올라가 선생묘소先生墓所에 새겨져 있는 자명自銘을 보든지 백보百步 내려가 수몰된 하계마을에서 고인古人의 예던 길을 살펴보라.

하계마을은 선비마을이다. '글과 도덕을 존중하고 의리와 범절을 세워 살아가는 모든 이', 그런 선비정신이 그 어느 곳보다 자랑스럽게 전승되던 마을이 바로 하계촌이다. 퇴계 손자 동암 이영도가 터를 잡은 이 마을, 여기에서 살아온 진성이씨를 '하계파'라

부른다. 하지만 낙동강 건너 남쪽에 있는 의인宜仁 마을만 제외한다면, 상계와 원촌, 계남과 부포가 사실상 모두 동암의 후손들 마을이다. 동암이 둘째 아들을 퇴계의 맏손자이자 자신의 맏형인 안도安道에게 양자를 들였으므로, 큰 집인 상계와 본인이 터를 잡은 하계가 모두 동암의 혈맥에 속한다. 그뿐만 아니라 강쪽으로 계남溪南, 고개 하나 비켜 넘어 원촌遠村과 단사丹沙, 강 건너 부포浮浦가 모두 그의 후손들의 터전이다. 하계파는 그래서 같은 문중에서도 남다른 정서를 갖고 있다. 항상 큰 종가를 섬기면서도, 스스로 무거운 역사적 책무를 느끼고 살던 마을이 하계였다. 그러던 마을이 30년 전에 안동댐 건설로 사라져버린 것이다. 그것도 댐 한 복판이 아니라 상류 끝자락이니, 몇 미터만이라도 흙을 쌓아 마을을 보존하려 했다면 역사와 문화를 자랑하던 현장이 이처럼 허무하게 사라지지 않았으리라. 그저 아쉽고 아쉬울 따름이다.

퇴계의 12대손으로
태어나다

이중언, 사간원司諫院 정언正言을 지냈다고 해서 '정언 할배'로 불리는 그는 철종 원년, 즉 1850년 2월 12일에 안동 예안의 하계마을에서 태어났다. 그의 집은 마을에서도 가장 높은 곳에 자리 잡은 입향조 동암 이영도의 종가 수졸당守拙堂 바로 아래에 있었다. 퇴계묘소 밑을 지키고 선 '동암'바위 근처에 종가가 있었고, 바로 그 곁에 향산 이만도, 앞쪽에 이중언의 집이 각각 서 있었던 것이다. 그리고 그 아래로 낙동강을 거슬러 오르며 강변에 150호 넘는 집이 늘어서고 들어차 있었다.

그의 자는 중관仲寬이며 호는 동은東隱이다. '중관'이라는 자에는 너그럽고도 관대하게 살아가라는 어

● 수졸당

하계마을에 처음 터를 잡은 동암 이영도의 종가

른의 가르침이 담긴 것이라 여겨진다. 살아가던 동안
늘 지침이 된 이름이었을 것이다. 이에 반해 '동은'이
라는 호는 그가 살아가는 동안에 사용한 것이 아니라,
생을 마감하면서 후손들에게 알려준 것이었다. 세상
을 하직하면서 자신의 삶과 뜻을 한 마디로 정리한 호
칭이자, 장례 과정에서 비로소 사용되기 시작한 이름
이 '동은'이다. '동東'에서 하계마을을 연 동암 선조의
뜻을 잇는 후손이라는 의미가, '은隱'에서는 뒤틀려진
세상사를 외면하고 조용하게 들어앉은 삶을 살아왔다

는 의지가 느껴진다. 그래서 동암 선조의 삶과 뜻을 이으면서 은일한 삶을 지향했던 선비로서, 자신의 일생을 스스로 정리한 한 마디가 바로 '동은'이었다.

진성이씨 하계파는 학문과 관직이 끊이지 않고 빛을 내뿜은 명가 가운데서도 이름난 가문이다. 동암이 마을을 연 이후 문과에 급제한 인물만 쳐도 15명이나 된다. 대개 지방출신 문과급제자를 찾아보면 군 단위로 5, 6명이거나 많더라도 10명을 넘는 경우

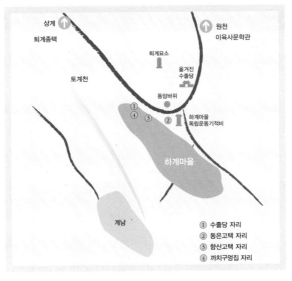

상계 ↑
퇴계종택

원천 ↑
이육사문학관

토계천

퇴계묘소

옮겨진
수졸당

동암바위

①
④ ③ ② 하계마을
독립운동기적비

하계마을

계남

① 수졸당 자리
② 동은고택 자리
③ 향산고택 자리
④ 까치구멍집 자리

● 하계마을과 집 터

● **이중언의 집 터**
하계마을 동암 바로 아래이다.

가 흔하지 않다. 그런데 이 마을에서만 그 수치가 15
명이나 되니, 글하는 마을이자 선비마을임을 말해주
고도 남는다. 이중언 직계 조상도 마찬가지이다. 가
까운 선조만 들더라도 5대조 세관世觀은 이조참의에
증직되고, 4대조 구원龜元은 첨중추부사, 조부 휘제
彙濟는 부호군, 부친 만우晩佑는 첨중추부사를 지내
고 이조참판에 증직되었다. 한편 외가는 내앞(천전川
前)마을로, 어머니 숙부인淑夫人은 김두진金斗鎭의 딸

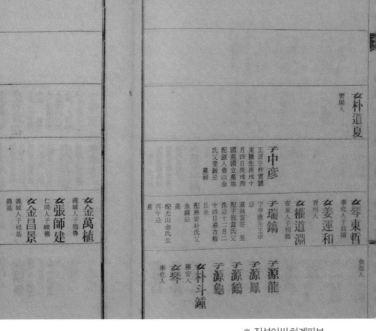

● 진성이씨 하계파보

이다. 그는 형 중팔中八에 이어 둘째 아들이자 막내
였다.

　이렇게 좋은 집안이지만 그는 세상에 태어나자마
자 불행한 일을 당했다. 아직 품에서 벗어나지도 못
한 때 어머니(의성김씨, 안동 임하 김두진金斗鎭의 딸)를
잃은 것이다. 그 바람에 그는 할아버지의 보살핌 속
에 자랐다. 특히 조부는 그가 어릴 때부터 절도가 있
고 굳센 그의 성품에 대해 특히 호감을 가졌고, 재주
와 기상이 뛰어나 집안을 크게 일으켜 세울 수 있으

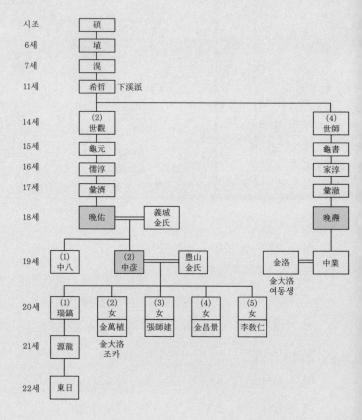

시조	碩	
6세	埴	
7세	滉	
11세	希哲	下溪派
14세	(2) 世觀	(4) 世師
15세	龜元	龜書
16세	儒淳	家淳
17세	彙濟	彙澈
18세	晩佑 ── 義城金氏	晩燾
19세	(1) 中八 / (2) 中彦 ── 豊山金氏	金洛 金大洛 여동생 / 中業
20세	(1) 瑞鎬 / (2) 女 金萬植 金大洛 조카 / (3) 女 張師建 / (4) 女 金昌景 / (5) 女 李敎仁	
21세	源龍	
22세	東日	

● 가계도

리라 기대하였다.

　그는 가학을 이어받았다. 하계마을의 학문은 퇴계의 학문을 가장 전형적으로 계승·발전시켜 나간 곳이다. 이곳에서 퇴계의 증손자이자 입향조 동암 이영도의 아들인 이기李岐(수졸당守拙堂)를 잇는 학맥을 골간으로 삼아 크게 두 갈래로 나뉜다. 하나는 이기(공릉참봉, 9대조)·이희철(장수도찰방, 증 이조참판, 8대조)·이회(증 이조참판)·이수약(정릉참봉, 증 이조판서, 6대조)·이세관(증 이조참의, 5대조)·이구원(4대조)·이태순(종증조부)으로, 또 이세관·이구휴·이야순으로 이어졌다. 다른 하나는 이기·이희철·이회·이수약·이세사(지중추부사)·이구서(경기전 참봉)·이가순·이휘준으로 이어지는 것이다. 후자 흐름을 이은 인물이 이만도李晩燾와 이만규李晩煃 형제이며, 이중언이 스승으로 모신 재종숙 계서溪西 이만송李晩松(사간원 정언, 통정대부)도 이가순을 잇는 인물이다.권오영,「가학의 흐름, 학문활동과 저술」,『터를 안고 仁을 펴다』, 예문서원, 141-142쪽. 따라서 이만도와 이중언은 동일한 가학 학맥을 잇는 인물로서 더욱 특별한 관계를 가졌다. 뒷날 자정 순국의 길을 함께 걸은 두 사람 관계가 서로 곁

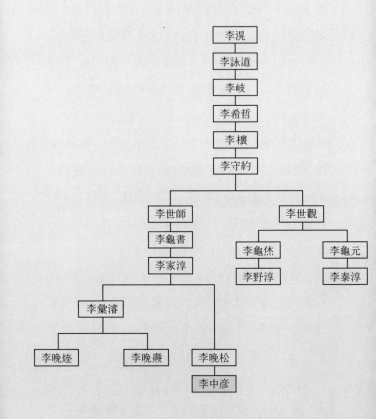

● 가학 전승도

에 살았다는 사실만이 아니라 같은 학맥에서도 그 이유를 찾을 수 있다.

이중언은 재종숙 이만송의 영향으로 어릴 때부터 도리와 법도를 익힐 수 있었다. 이만송은 문자를 강독하고 해석하는 선에 그치지 않고 충효의 대표적 인물들을 역사 속에서 찾아 가르쳤던 것이다. 그리하여 이중언은 15세가 되기도 전에 이미 4서四書에 능히 통했다. 다음 순서로 그는 집안 친척들과 산사로 들어가 본격적인 공부에 매달렸다. 4종숙四從叔인 이만규와 3종형三從兄 이중두李中斗는 그와 함께 입산한 대표적인 친척이다. 이들 두 사람도 모두 문과에 급제하여 관직을 두루 거치게 되는데, 이만규는 교리, 이중두는 이조참의를 지내게 된다.

그가 몇 살에 결혼했는지 기록에 전해지지 않는다. 아내는 풍산김씨 김규현金奎鉉의 딸 주락周洛이다. 1846년생이니 남편 이중언보다 네 살 많았다. 여자 이름이 대부분 전해지지 않는데, 용케도 그의 아내 이름은 알려지고 있다. 김규현은 김성일의 사위 망와忘窩 김영조金榮祖의 후손이다. 안동시 풍산읍 오미리에서 번성한 풍산김씨 가운데 14세 유연당悠然堂

● **오록마을 원경**
처가가 있던 봉화군 물야면 오록마을. 소백산맥 아래 터잡은 풍산김씨마을이다.

● **오록 처가가 있던 곳**
처가가 있던 곳에 다른 집이 들어섰다.

김대현金大賢이 아홉 아들을 두었는데, 그 가운데 둘째 아들이 김영조다.

이중언의 처가는 봉화군 물야면物野面 오록梧簏 1

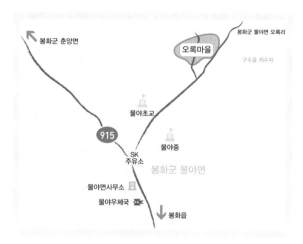

● 오록마을 가는 길

문화재 고택이 즐비하여 관광객들의 발길이 끊이지 않고 있다.

리이다. 이곳에는 김대현의 여덟 아들 가운데 둘째 영조, 셋째 창조昌祖, 여섯째 응조應祖의 후손들이 터를 잡았다. 장인 김규현은 바로 영조의 9대손이다. 처갓집은 없어지고 터 일부에는 다른 집이 들어섰다. 그곳에 살던 김규현의 후손들은 부산으로 옮겨가서 살고 있단다.

문과에 급제하여 사간원 정언, 사헌부 장령에 이르다

이중언은 과거 준비에 심혈을 기울였다. 1872년 (고종 9) 향시鄕試에 합격하고 이듬해 봄 대과大科에 응시했지만 낙방했다. 1875년(고종 12) 또 성균관에서 시험에 응시했지만 회시會試에는 나아가지 않았다. 그러다가 1879년(고종 16) 5월에 비로소 대과에 합격했다. 그렇게도 지켜보던 조부가 1877년 4월에 별세했으니, 합격한 1879년 5월은 바로 대상을 치른 다음 달이 된다. 만 29세에 합격한 일이라 힘든 만큼이나 영광스런 일이었지만, 조부 살아 계실 적에 이루지 못해 못내 아쉽고 가슴 저려했다. 조부의 애정과 정성으로 빚어진 성과임을 잘 알고 있던 만큼, 왜 그렇지 않았겠나.

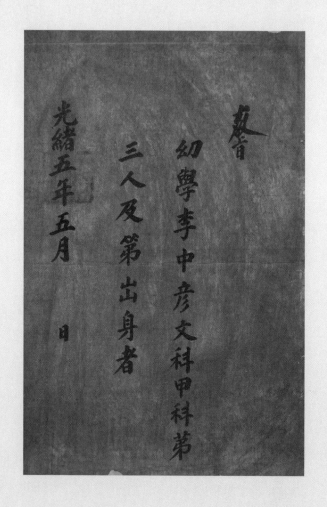

教旨

幼學李中彦文科甲科第
三人及第出身者

光緒五年五月　日

"불초不肖가 과거에 합격할 수 있었던 것은 실로 할아버지께서 가르치고 독려하신 은혜에 따른 것입니다. 지금 슬하에서 얻은 영광을 돌려드리지 못하게 되었으니 그 죄로 인한 회한悔恨을 가눌 길이 없습니다."李中業,「家狀」,『東隱實紀』.

이는 고인이 된 조부에게 고해 올린 이야기이다. 뒷날 관직 생활을 거치면서도 그는 조부 제삿날이 다가오면 멀고먼 고향 길을 찾아 제사에 참례하였다. 더러는 홍수가 나는 바람에 왕래하면서 위험한 고비를 몇 차례나 넘기기도 했다. 전해지는 이런 이야기는 모두 그가 조부에게 갖는 지극한 그리움이자 존경심에서 나온 것이다.

'문과 갑과 제3인', 즉 그가 갑과 3등이란 좋은 성적으로 대과를 통과한 것이다. 그는 상의원尙衣院 직장直長(종7품)에 제수되었다가, 바로 이어서 6월에 성균관成均館 전적典籍(정6품)이 되었다. 이어서 그는 사간원司諫院 정언正言(정6품)으로 발령을 받았으나 외지에서 서울로 부임하기도 전에 교체되었다. 그러다가 다음 해인 1880년(고종 17) 여름에 그는 사헌부

司憲府 지평持平(정5품)에 제수되면서 다시 조정에 들어섰다. 능묘陵廟 제사에 책임을 맡아 나아갈 때마다 법도에 한 치도 틀리지 않게 일을 진행했으며, "멀리 떨어진 궁벽한 곳에 사는 한미한 신하가 나라에 보답할 것은 오직 이 한 길 밖에 없다."고 말하곤 했다. 그러나 이마저도 그리 오래지 않아 그는 고향으로 돌아왔다. 격변의 시대가 눈앞에 닥쳤기 때문이다.

영남만인소로
위정척사운동 펼치다

　대과에 급제하던 다음 해 여름, 잠시 사헌부 지평을 맡던 그가 늦가을에 귀향하였다. 바로 그 가을에 조선 전체를 뒤흔드는 사건이 발생하였다. 『조선책략朝鮮策略』이란 책이 국내로 들어와 그 내용이 알려지자, 곳곳에서 유림들의 반발과 비판이 격렬하게 터져 나오고, 풍랑이 전국을 파도치게 만들었다.

　그가 문과에 급제하던 시기는 외세 침략 앞에 나라가 억지로 문을 열던 때였다. 그가 청소년기를 지나던 1860년대에 이미 서양 오랑캐들이 침략해 왔고, 안동 골짜기에도 위급한 소식들이 전해졌다. 1866년 병인양요에 이어 1871년 신미양요가 벌어졌다. 프랑스와 미국의 침략이 서해안과 강화해역에서 벌어지고, 서울을 위협하는 사건이 연이어 터졌다. 대원군이 전국에 포수들을 소집하였고, 경상도에서도 포수들이 서울로 향하면서 곳곳에서 소용돌이가 몰아쳤다.박성수 주해, 『渚上日月』上, 서울신문사, 1993, 102-104, 127-128쪽.

서학이나 서양 오랑캐의 접근을 허용하지 말고 전통 질서를 지키라는 상소, 척사소斥邪疏가 유림들 사이에서 터져 나왔다. 위정척사론衛正斥邪論이라 불리는 이들의 논리는 주자학적 질서인 정正을 지켜 나가면서, 주자학 이외의 사상, 특히 서양의 사상이나 종교가 사악하고 나쁜 것이므로 배척해야 한다는 척사斥邪를 주장하였다. 그렇다고 이들이 무턱대고 서양 문화 도입을 반대하지는 않았다. 교역한다면 서양의 공산품 공세에 우리 농산품이 감당하지 못할 것이고, 결국에는 경제적으로 그들에게 예속되리라 경고했다. 무척 정확한 예측이었다. 또 그들은 서유럽 문화가 유입함에 따라 조선의 고유문화와, 심지어 기존 질서까지도 붕괴할지도 모른다고 걱정하였다. 또 이들은 서양 열강의 침략성을 비판하는 한편, 조선이 당시 안고 있던 병폐를 개혁하라고 주장하고 나섰다.

위정척사론은 1800년대 중반 이후 열강 침탈에 대한 위기감이 높아지면서 구체적인 운동 형태로 나타났다. 1876년 강화도조약 체결로 말미암아 왜양일체론, 즉 왜와 서양 오랑캐가 동일하다는 논리로 일본과 수교를 반대하는 상소운동이 일어났다. 최익현을 비롯한 척사론자들은 개항체제로 말미암아 조선 사회가 일본에 의한 반식민半植民 상태로 떨어질 우려가 있음을 지적하였고, 불평등한 조약 체결을 반대하였다.

하지만 일본의 강박을 받으면서 조선은 1876년 개항하였다. 홋카이도를 빼앗고, 오키나와 류큐 왕조를 붕괴시켜 장악한 일본이 바로 이어 1874년에는 타이완을 침공하였다. 그리고서 다음 해에 그 함선을 돌려 제물포를 향했고, 미국의 함포외교를 흉내 내어 1876년에 들자마자 수호조약이라는 이름으로 침략을 향한 교두보를 확보했다.

이중언이 대과에 합격한 시기가 1879년이니, 개항한 지 3년이 지난 해였다. 문과를 거쳐 관직생활로 발을 내딛던 그 순간이 곧 일본 침략이 시작된 직후였고, 해외 세력을 제대로 가늠하지 못한 상태에서 혼돈을 겪던 무렵이었다. 개항 직후에 정부는 유림들을 다독이느라 일본과 서양 오랑캐는 같은 부류가 아니라고 말했다. 왜倭와 양洋이 서로 다르니, 이를 구분하여 왜와는 통교하자는 주장이 개항으로 나아간 논리였다. 서울에 들어선 일본인이나 서양 물건을 보면서 그로서는 쉽게 현실을 수용하기가 어려웠다. 그는 '우리 낙토樂土에서 원숭이와 새가 동맹을 맺는 상황'이라고 표현하였다. 이는 당시 현실을 바라보던 안타까운 그의 심정을 말해준다.李中業,「家狀」,『東隱實紀』

그런 무렵, 서울에 들어온 『조선책략』이란 책이 천 갈래 만 갈래 파문을 일으켰다. 일본 주재 청국 공사관에 근무하던 외교관 황준헌黃遵憲이 지었다는 이 책은 1880년 8월 2차 수신사로서 일본에 갔던 김홍집이 가져온 것이다. 이중언이 사헌부 지평이 된 때가 바로 이 무렵이었다. 이 책이 유림들에게 알려지면서, 그 해 11월부터 격렬한 반발이 일어나기 시작했다. 그 선두에 도산서원이 있었고, 논의의 선두그룹에 이중언이 서 있었다.

『조선책략』은 황준헌의 개인 의견이라는 형태로 집필되었지만, 사실상 중국의 실력자 이홍장李鴻章

의 뜻이 담긴 책임에 틀림없다. 그 핵심은 러시아 남하를 막아내는 동아시아-태평양 연대를 형성하는 데 조선이 참가해야 한다는 내용이었다. 1860년대에 들어 청조가 마주친 열강세력 가운데 무엇보다 러시아가 가장 위협적이었다. 서유럽 열강이야 기껏 조차지를 장악하는 데 그치지만, 러시아는 중국과 직접 국경을 맞댄 나라이고, 1689년 네르친스크 조약 이후 줄곧 국경문제가 심각하게 떠오른 국가였다. 특히 1860년 북경조약으로 청국은 러시아에게 연해주를 넘겨주고 말았다.

러시아 남하로 말미암아 만주지역은 청국에게 가장 고민스럽고도 위험한 공간으로 여겨지게 되었다. 청국 정부가 왕조의 발상지인 만주지역을 보존하기 위해 시행해 오던 봉금정책封禁政策을 해제하고 이주정책을 펴기 시작한 이유도 거기에 있었다. 마침 조선이 일본과 조약을 맺고 개항하자, 이홍장은 미국을 끌어들여 청-조선-일본-미국으로 연결되는 대 러시아 방어 라인을 구상하고, 이를 위해 조선이 미국과 연대를 형성해야 한다고 요구하고 나섰다. 이 점이 바로『조선책략』이 노린 목표였다.

● 『조선책략』

이 책에는 구체적인 방안으로 친중국親中國・결일본結日本・연미국聯美國을 제시하였다. 이는 중국과 친하고 일본과 결속하며 미국과 연합해야 한다는 뜻이다. 그런데 이미 청국과는 그러한 관계에 있고, 일본과는 병자수호조약을 맺은 처지이므로, 남은 과제가 바로 미국과 조약을 맺는 일이었다. 결국 청국이 요구한 사실은 조선이 미국과 연합해야 한다는 것이다.

조선 정부는 청국이 제시한 정책을 수용하는 방향으로 가닥을 잡아나갔다. 1880년 여름을 지나면서 정부의 정책 기조가 구체화되어가자, 유림들의 반발이 일어나기 시작했다. 당시 서울 소식을 안동으로 전해주던 인물 가운데 대표적인 사람이 동정東亭 이병호李炳鎬(일명 이정호李定鎬)였다. 11월 1일 도산서원에서 「통문通文」이 발송되었다. 이것이 '영남만인소嶺南萬人疏'라고 불리는 거대한 저항운동의 서막이

● 통문
도산서원에서 『조선책략』에 대응하기 위해 유림 대표회의 개최를 알린 통문

었다.

　도산서원이 『조선책략』으로 말미암아 벌어지던 난국에 대처할 방도를 찾자는 논의를 제기하고 나섰다. 도산서원에서 발송된 통문通文이 영남지역 전역으로 전달되었다. '통문'맨 끝에 발의자 11명 명단이 적혀 있고, 그 속에 이중언이 들어 있다. 그 내용은 다음과 같다.

　만 30세가 되던 1880년, 사헌부 지평으로서 잠시 서울에 머물던 그가 가을에 귀향하였다. 그 때가 『조

선책략』이 파문을 일으키기 시작하던 시기였다. 그
리고서 마침 도산서원에서 논의를 시작하는 데 동참
하였다. 일본에 개항한 것은 어쩔 수 없다고 하더라

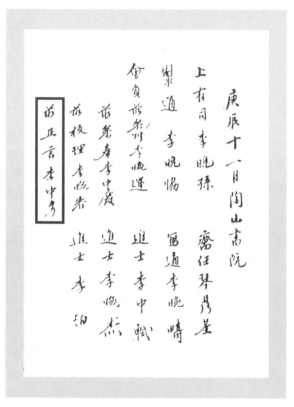

● 도산서원에서 보낸 통문 끝 부분에 있는 발의자 명단
끝부분에 '前正言 李中彦'이라 적혀있다.

도 미국과 연합하는 일은 있을 수 없는 것으로 받아들여졌다. 도산서원 상유사 이만손을 비롯한 발의자들은 도회都會라 불리는 유림 대표회의를 소집하기로 결정했다. 이를 위해 통문을 작성했다.

도산서원 통문은 미국과 연합해야 한다는 주장을 통렬하게 반박하였다. 통문은 청국이 미국을 끌어들이기 위해 야소교가 천주교와 다르다고 주장하지만, 사실상 결코 그렇지 않다고 못 박았다. 이 글은 헌종의 척사윤음을 인용하기도 하고, 정조가 내린 '선정사유문先正賜侑文'에서 "비록 이단이 이에 서로 유혹하지만, 영남 일흔 한 고을이 미혹되지 않았으니, 이 때문에 추로지향鄒魯之鄕이라 하니 누구의 공로이겠습니까?"라고 물으면서 척사소를 올리자고 다음과 같이 제안하였다.

우리 대 영남이 선조의 보호와 가르침, 그리고 선정先正의 가르침을 입고 있음은 무엇 때문입니까? 아! 액운을 만나 온 세상이 망해 버렸으되, 한 줄기 문명의 기운이 우리 동방에 부쳐 있으니 어떻게 서로 사설에 빠져 회멸晦滅을 저들에게 맡기고 말겠습니까? 선비된 자는 우리의 도를 위하여 죽을 때가 바로 지금입니다. 이에 모여 논의하고 규탄 척사를 요구하는 소를 닦기로 하고, 이번 달 25일 안동 숭보당崇報堂에서 도회를 열기로 결정하였으므로, 동지 군자들에게 받들어 고하노니 삼가 원컨대 일제히 오셔서 일의 효험을 굳게 다짐하는 바탕으로 삼게 해 주신다면 천만다행이겠습니다.도산서원 「通文」(일본 天理大學 소장)

도산서원 통문은 1880년 11월 25일, 안동시내에 있는 태사묘太師廟 강당인 숭보당에서 유림들의 집회인 도회都會를 연다고 밝혔다. 이것이 곧 영남만인소

● 안동향교 자리와 태사묘 위치도

● 안동향교 옛 모습

를 기점으로 삼은 신사辛巳(1881년) 대척사운동의 시
작이었다. 그런데 실제 도회가 열린 장소는 태사묘에
서 200m 정도 떨어진 안동향교(현 안동시청 자리)였다.

안동도회에서 상소 대표인 소수疏首로 퇴계 후손
이자 도산서원 상유사이면서 '도산서원 통문' 대표
발의자인 이만손이 뽑혔다. 그리고 조사에 최시술崔
蓍述·류필영柳必永·권술봉權述鳳·김현휘金絢輝
·이병호李炳鎬, 공사원에 김석규金碩奎·김양진金養
鎭·김상흠金尙欽·박재홍朴載洪·하현원河顯源 등
이 선정되었다. 한편 경상우도에서는 황난선·이진

嶺南萬人疏

伏以臣等俱是嶺外疎遠之踈氓 韋布之賤名 未登於仕籍 管蠡之微才 不達於世務 而向李其
生也勤華聖明之時 其居也鄉黨乏賢士 所誦說者 周公孔子之書也 所服習者 周公孔子之教
也 惟有疎迄微賤 未能有以萬分 不下負信書於育之化 一神推新之治 庶幾講明執守 益篤尊慕尚忝巖
抉序之義 未有臻斯盛者也 慨然思孟程朱明之於後 俛々乎民務物則之本 兢々乎叙秩之討之實 或有邪說詖行
孔閟之於前 思孟程朱明之於後 則必拒闢之 欲闢之學仁義 而斥之洪水 老佛之
薛子芽其間 則必拒闢之 樂樹之闢 絶々乎王法 常與先治之訓 載在春秋 千五百一百等百 由
見心性 而討之急於私鬪 左道惑衆之謀 著於王法 常與先治之訓 山是而民生賢於祛邪 反是而朝建棒 列聖承 榮儒
莫之或違 蓋以為天地之心 為國家之立命者 含是則敢其胸臆 禮義廉恥尚矣 勿論倫綱彝則 一切
重道 式至今休體諸 不在六藝之科 詩書之教 洪惟我朝建棒 列聖承 榮儒
三代之妖 也巨宏澗勝大 而老佛之所不敢道 其術也奸譸狙詐 出於耶蘇邪教 而揚墨之所不忌為 傳習乎興巾百一切
播醫其妖 而狡過過之 依托乎梵帽之神 而誕誑甚焉 直一亯狄耳 大羊耳 聞我無人 思易天
運之妖 而狡過過之 依托乎梵帽之神 而誇誑甚焉 平歲之民志惡之民志恩寨 汚惡已甚 丹忍之亂倫 汚惡已甚 殄滅無赦
之蠹 我嶺中士 侵沿吾相乎 肆找先王正宗純祖 以及憲廟 先廟後中 增其式廓 干犯者必殺無赦
譅漢者雖小不貸 軒轅高蘇 禹明增革 妖孽亂倫 遝我聖干踩幹 遝遵 先王之志 事率
由 先王之典憲 丙寅紀邪之變 彼自送死 找乃致討 天怒斯赫 莘醜厥道 已菁之鐵鑄 尚在
曰

● 영남만인소
1881년 위정척사운동의 대표적인 상소운동이다.

상李震相·송인호宋寅濩 등이 성주 신광사神光寺에 모여 척사통문을 발송하고, 개령향교開寧鄉校에 모여 척사론에 참여하였다.

　경상좌우도에서 모임을 가진 유생들은 만인소 총회 장소로 상주 산양(현재 문경시 산양면)을 선정하였

● 산양장터

다. 이곳은 영남만인소를 채택하기 위한 모임만이 아니라, 뒷날 1896년 상주 태봉에 있던 일본군을 공격하기 위해 7개 의진들이 연합하고 출정하게 되는 곳이기도 하다. 같은 장소에서 15년이라는 기간을 두고 위정척사와 관련된 대규모 모임을 가진 곳이 이곳 산양이었는데, 지리적으로 영남지역 유생들이 서울로 가기 위해 거치는 길목이기도 했다.

산양 모임은 정월 20일 무렵부터 열렸다. 모인 유생들이 논의 끝에 채택한 상소문은 강진규姜晉奎가 제출한 척사소였다. 이만손을 소수로 삼은 영남 유생들은 2월 초에 산양을 출발하여 서울로 향했다. 대궐 앞에 엎드려 집단으로 상소를 올리는 복합상소伏

● 산양장터

閣上疏에 나선 서울행이었다. 모두 4차례나 복합상소
가 펼쳐졌다. 1차 복합상소는 2월 중순부터 진행되었
는데, 참여한 유생은 처음에 270-300여 명이었다. 이
어서 2월 하순경에는 400여 명에 이르렀고, 안동·상
주·경주·대구·김해 가운데 안동과 상주 유생이
150명을 넘었다. 2월 20일에 만인소가 받아들여져 1
차 상소가 끝났다. 그러나 만인소가 여기에서 종결된
것이 아니라 4차까지 이어졌다. 즉 3월 하순까지 김조
영金祖永을 소두로 2차, 김석규를 소수로 3차, 김진순
金鎭淳을 소수로 4차 상소가 이어진 것이다.

영남만인소는 도산서원 통문과 내용이 대략 비슷
하였다. 중국과 친하고 일본과 결속하며 미국과 연합

하여 러시아를 막는다는 『조선책략』내용을 비판하면서 "우리나라는 옛날부터 훌륭한 법규가 있으므로 서학을 수용할 필요가 없고, 황준헌이라는 자가 중국인이라고 하지만 일본 앞잡이"라고 주장하였다. 또 이들은 『조선책략』을 가져온 김홍집을 처벌하라고 요구하고, 기독교가 단지 천주교 명칭만을 바꾸어 쉽게 전파시키려는 데 지나지 않는다고 밝혔다.

영남만인소는 개화를 추진하던 민씨 정권의 퇴진을 요구하는 정치적인 성격을 지녔다. 결국 민씨 척족에 도전장을 내밀고 개화정책을 반대한 것이어서, 정부는 영남만인소가 정권에 도전하고 있다고 규정하였다. 때문에 소수 이만손과 상소문을 쓴 강진규가 유배당하기에 이르렀다. 그러자 영남 유생들의 성향은 정치투쟁에서 점차 외세배척·반외세투쟁으로 변해갔다.

영남만인소는 신사辛巳 대척사운동人斥邪運動의 출발점이 되었다. 이는 경기·충청·강원지역에서 상소운동이 일어나는 계기가 되었다. 이제 유림들이 당론이나 지역성을 넘어서서 일본과 서양세력의 침략에 맞서 연대투쟁을 벌이는 상황으로 발전하였다. 그리하여 충청도에서는 홍시중洪時中과 황재현黃載顯이 상소를 올렸고, 유생 300여명이 한홍렬韓洪烈을 소수로 삼아 복합상소하였다. 그리고 4월 중순 경기도에서 류기영柳冀榮·이행규李行逵를 중심으로 100여명이 상소를 올렸다.

연미론聯美論을 근거로 삼아 조미수호조약을 추진하려던 정부에 전국 유생들이 일어나 궐기하고 나섰다. 정부도 그 순간 멈칫하였다. 하지만 이러한 운동은 재집권 기회를 노리던 흥선대원군 세력이 쿠데타를 기도하다가 실패하는 바람에 좌절되고 말았다. 전국에서 유생들이 들고 일어난 상황을 주시하던 흥선대원군 측근 세력들이 국왕을 폐하고 흥선대원군의 서자 이재선을 추대하려다가 미수에 그친 사건이 그것이다. 이로 말미암아 정부는 대원군 측근 세력만이 아니라 위정척사운동 자체를 철저하게 탄압하는 빌미를 확보했던 셈이다. 정치세력의 계산과 술수로 말미암아 유림의 구국 일념이 무너졌던 셈이다.

짧은 관직생활

　대과 합격에도 불구하고 그의 첫 관직 생활은 2년
이 채 되지 않았다. 1880년 가을에 귀향하여 도산
서원 통문 발의자 가운데 한 사람으로 참가한 그는
1881년 전반기 동안 벌어진 영남만인소에도 참가했
을 것이다. 그러다가 찬물이 끼얹어진 뒤, 그는 고향
에서 조상 묘소를 둘러보고 손질하며 지냈다.

　1882년 봄에 동궁東宮의 혼인 가례嘉禮에 참가하
여 축하인사를 올렸다. 그런데 바로 그 해 6월에 임
오군란이 일어났다. 신식군대에 비하여 차별대우를
받던 구식군대가 들고 일어났고, 소요를 일으켜 대궐
을 침범하여 왕후를 시해하려 나섰다. 그러나 왕후
민비는 서울을 벗어나 장호원으로 가서 난을 피했다.

● 사헌부 지평 교지

난을 진압한다는 명분을 내걸고 청군이 서울에 밀려
들어 구식군인과 그 가족들이 주로 거주하던 이태
원·왕십리 일대를 쑥밭으로 만들었다. 그리고서 정
권을 다시 장악한 흥선대원군을 중국 천진으로 붙들
어 가고, 원세개袁世凱가 이끄는 청군이 정권을 농단
하기 시작했다.

이러한 난국에 그는 다시 관직에 임명되었다.
1882년 9월 2일자로 '통훈대부通訓大夫 행사헌부行司
憲府 지평持平'에 임명된 것이다. 하지만 그는 곧 귀향
을 선택했다. 바로 다음 해인 1883년, 그는 부친상을

당했다. 대과에 합격하고서도 관직생활을 펼 수 없는 분위기에서 그는 오직 정성을 다해 부친상을 치렀다. 그리고 다음 해에 벌어진 갑신정변은 그에게 벼슬살이에 대한 미련을 접게 만들었다. 그래서 그는 오로지 고향에서 농사짓고 고기 잡는 것으로 일을 삼았다. 그러다가 다시 한 번 관직에 나아가는 일이 생겼다. 만 40세 나이가 되던 1890년에 그가 상경하는 일이 생겼던 것이다. 그해 사헌부 장령掌令(정4품)이 되었다. 이어서 가을에 신정황후神貞皇后가 사망하자, 그는 사복시정司僕寺正(정3품)에 발탁되어 장례를 담당하는 데 동참하였다. 신정황후는 추존된 익종의 비이자, 헌종의 어머니이면서 고종을 선택한 인물로 '조대비'라고 널리 알려진 인물이다. 그의 관직생활은 이번에도 잠시였고, 곧 귀향하여 전원생활에 들어갔다.

집안을 돌보다

이중언은 남들이 보기에 굳센 면모를 보였다. 보기에 우선 피부가 검은 편이고, 눈빛이 강렬했으며, 거기에다가 어려서부터 담력마저 강했다. 어린 나이에 모친을 잃은 그가 나약하게 자랄까봐 조부는 걱정했지만, 강직한 그의 품성을 보면서 조부는 든든하게 생각하기에 이르렀다.

그런 강직성은 관직생활에서 여지없이 드러났다. 명쾌한 판단과 신속한 결단이 그의 장점이었다. 그러면서도 그는 무척 온화하고 자애로운 성품을 지녔다. 겉으로 풍기는 모습과 전혀 다르게 목소리는 온화하고 어려운 이웃에게 자비심을 가지는 인물이었다. 심지어 노기를 띠고 달려드는 사람에게도 부드러운 자

● 사랑채

이중언이 살던 집은 없어지고, 사랑채만 가까운 곳으로 옮겨져 남아있다.

세로 대했고, 결국에는 그런 분위기를 만들어냈다. 이러한 모습은 의리정신이 강하고 공사 분별이 뚜렷하기 때문에 가능하였다.李中業,「家狀」,『東隱實紀』

그는 효성과 형제 사랑이 지극한 사람이었다. 어린 나이에 어머니를 잃고 조부 손에 자란 그는 가슴 한 구석에 그리움을 안고 성장했다. 자애롭게 대하던 조부와 달리, 엄격한 교육은 숙부와 형의 몫이었다. 할아버지 손에서 자라나는 막내 손자가 대개 버릇없게 되는 것을 염려한 탓에서 나온 것이리라. 그렇게 미덥고 든든하던 형이 과거시험에 실패하고 경제적으

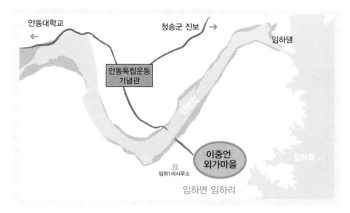

● 외가가 있던 임하면 임하리

로 흔들리는 정황을 맞게 되자, 이중언은 살던 집을 형에게 양보하였다. 게다가 조카들이 생업을 영위할 농토조차 마련하지 못하자 자신의 형편을 살펴보지도 않고 농토를 떼어주거나 건강한 소를 나누어주기도 했다. 또 조부와 부친을 잃은 뒤에 형이 좁은 집에 사는 데다 제사 비용에 필요한 토지를 갖추지 못하자, 그가 나서서 감실을 만들고 위패를 봉안하여 극진히 제사를 받들도록 만들었다.李中業,「家狀」,『東隱實紀』

외가에 대한 그의 애정도 남달랐다. 외조부는 안동 임하면 임하에 터를 둔 의성김씨 김두진金斗鎭이다. 더러는 김진두로 기록되기도 했다. 그에게는 혈손이

聖欽 龍漢 용한							
字雲章生甲戌卒甲申有 行錄墓上朴谷後麓公父 後向 配全州柳氏父進士昌哉生 壬午墓臨川後卯向 六上	女邊益溥 原州人 子始集 시집 配韓山李氏父志和墓早谷 同封	子弘運 홍운 子周運 주운 字吉甫生癸酉年卒壬戌 臨河店朴谷 配眞城李氏父孝至基府君 墓左同向	子顯壽 현수 女柳翼文 全州人 子文壽 문수 子章壽 장수	子鎭魯 진로 子斗鎭 두진 子奎鎭 규진 女李彙輔 眞城人 子善鎭 선진	女朴器秀 務安人 子胤洛 윤락 子彦洛 언락 女李晩佑 眞城人 子哲洛 철락 子平洛 평락	子啓洛 계락 子季中八 中彦 子秉特 子哲洛 子晩好	子莞植 四二五下 子璣秉 四二六下 子秉特 四二七下 子雲秉 四二七下

● 외가(의성김씨) 족보

김두진의 아들 언락이 있고, 사위 이만우 아래에 '中彦'이 보인다.

끊어지는 비극이 생겼다. 그러자 외가 친족 가운데 김진상金鎭常의 아들 언락彦洛을 양자로 들여와 대를 잇도록 만들었다. 양자가 된 김언락은 이중언에게 외숙이 되는 셈인데, 나이는 오히려 41세나 어렸다. 그래서 이를 불러다가 몇 해 동안 관례와 혼례 등 통과의례를 가르쳤다. 뿐만 아니라 토지도 주어서 가문을 일으킬 수 있도록 만든 사람도 그였다. 친인척에 대한 자세가 그처럼 간절했다.李中業,「家狀」,『東隱實紀』

문중에 어려운 일이 생겼을 때, 그는 적극적으로 나서서 해결하려 노력하였다. 종가가 어려운 일에 처하였을 때, 그는 온 몸을 던져 매달렸다. 큰 종가를 보위하려는 그의 정성은 지극한 것이었다. 그리고 자신에게 가학을 전수해 준 이만송의 제사에 반드시 제수 물품을 보태어 정성을 다한 사실도 도리를 다하는 그의 인품을 보여준다. 심지어 죽음이 임박해졌을 때도 친척들이 매서운 추위에 헐벗고 지낼까 걱정하여 옷을 내어주도록 하며 어려움을 이겨낼 방책을 제시할 정도였다.

친인척 사이에 이토록 자상하고 우애롭던 이중언이 돌연 산속으로 들어갔다. 토지와 집을 형에게 넘긴 그는 1892년 마흔 두 살이라는 나이였지만, 골짜기로 들어가 농사지으며 은둔하겠다고 작정하고 산속 생활을 선택하였다. 그래서 찾은 곳은 봉화군 임당산林塘山 골짜기, 신암폭포新巖瀑布였다.李中業,「家狀」, 『東隱實紀』

임당산은 용두산 줄기다. 봉화군 상운면 신라2리와 안동시 녹전면 매정리 사이에 있고, 신암이라는 곳과 폭포는 녹전면 매정리에 속한다. 하계마을에서 이곳으로 가자면, 도산면 태자리에서 봉화군 상운면 신라리 골짜기로 들어가 임당산을 넘어 갔을 것이다. 그래서 봉화로 갔다고 표현했겠지만, 지금의 행정구역으로 보면 안동시 녹전면에 속한다. 골짜기에 작은 폭포가 있고, 2백미터 정도 빠져나가면 조그만 마을이 나온다. 매정리 담마潭里, 혹은 담말이라 불리는 마을이다. 요즘은 반대 방향으로 접근하는 편이 편리하다. 포장된 도로를 따라 녹전면 매정리를 찾고, 담마에서 동쪽 골짜기를 따라 2백미터 올라가면 높이 10미터, 너비 4미터 정도 되는 바위 덩어리가 앞을 가로 막는다. 물이 적을 때는 한쪽 모퉁이가 작은 폭포가 되고, 물이 넘칠 때는 큰 바위 전체가 폭포가 된다. 발원지인 용두산으로 보면, 하계마을과 신암폭포는 반대 방향이다. 용두산에서 남동쪽으로 빠져나간 물이 온혜와 상계, 그리고 하계로 향하지만, 북서쪽으로 급하게 쏟아져 내리는 골짜기에 있는 것이 신암폭포다.

신암폭포를 찾은 데는 어떤 이유가 있을까? 이곳역시 퇴계의 유적이기 때문이다. 1564년 스무 세 살나던 간재艮齋 이덕홍李德弘(영천이씨)이 이곳을 발견하고 공부하는 곳으로 삼으면서 스승 퇴계에게 알렸다. 스승은 3년 뒤 1567년에 그곳을 방문하고서 절

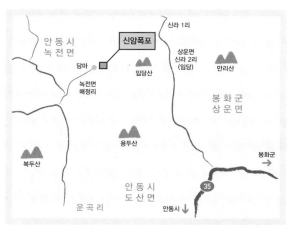

● 임당산 신암폭포

● 신암폭포新巖瀑布 글씨가 새겨진 바위
병오년 3월에 새긴 것인데, 신암계가 만들어진 2년뒤, 1666년 3월이라 짐작된다.

● 신암폭포

물이 많을때는 여러 갈래로 쏟아진다.

● 폭포 바로 아래, 왼쪽 윗 부분이 집 터로 추정되는 곳이다.

구 여섯 수를 지어 제자에게 주었다. 퇴계가 세상을 떠나기 3년 전이다. 이덕홍이 이곳을 찾고 스승에게 알린 지 백년이 되던 1664년 4월 25일, 이름난 선비 50인이 이곳을 찾아 역사를 더듬고 경치를 감상하며 시를 지어 책으로 묶고 모임을 만들었다. 『신암회상록新巖會賞錄』과 신암계新巖禊가 그것이다.

　이중언도 신암계원이었다.김희곤, 『순절지사 이중언』, 경인문화사, 2006, 175, 229쪽. 거기에는 이만도를 비롯한 진성이씨 선비들, 영천이씨와 봉화금씨 인물들이 주를 이루었는데, 지금까지도 이어지고 있다. 그가 이 신암폭포를 찾은 것도 바로 이러한 뿌리가 있었던 터였다. 퇴계 선조의 자취가 있던 그 골짜기에 들어가 세상을 잊고 살고자 방향을 잡은 것이었다. 신암폭포 아래 거처를 정하고 매일 끓어오르는 분기를 매일 다독였다. 1895년말 을미의병에 참가하기 위해 하계마을로 돌아오기까지 3년 정도 이곳에서 지냈다. 폭포 바로 아래 계곡 한 편에 집터로 보이는 조그만 빈터가 남아 있으니, 아마도 이곳이 그가 머물던 곳이 아닌가 여겨진다. 을미의병이 끝난 뒤 그는 다시 이곳을 찾게 된다.

예안의병 전방장前防將으로
태봉전투에 참가하다

　임당산 골짜기에 은거하던 그를 다시 세상으로 불러내는 사건이 터졌다. 1895년 민비(명성황후로 추존)가 시해되고 단발령이 시행되는 극한 상황이 그것이다. 1895년 11월 15일 내려진 단발령은 10여 일 지나자 지방에서도 시행에 들어가기에 이르렀다. 이와 함께 음력을 대신하여 태양력이 쓰이게 되었다. 단발령 시행 이틀 뒤인 1895년 11월 17일이 양력 1896년 1월 1일이다. 연호를 건양建陽 원년으로 정한 이 해부터 정부가 양력을 사용하기 시작했다.

　길거리에서 상투를 잘리는 일이 벌어지자, 곳곳에서 유림들이 대책을 마련하자는 논의가 일어났다. 안동문화권에서는 예안에서 가장 먼저 통문이 나왔다.

⟨안동문화권 전기의병 관련 통문⟩

1. 예안禮安 통문 : 1895년 11월 29일(양 1896.1.13)

2. 삼계三溪 통문 : 1895년 12월 1일(양 1896.1.15)

3. 청경靑鏡 통문 : 1895년 12월 1일(양 1896.1.15)

4. 청경靑鏡 사통 : 1895년 12월 1일(양 1896.1.15)

5. 호계虎溪 통문 : 1895년 12월 2일(양 1896.1.16)

6. 안동安東 격문 : 1895년 12월 7일(양 1896.1.21)

김희곤, 「西山 金興洛(1827-1899)의 의병항쟁」, 『한국근현대사연구』15, 2000 겨울.

단발령이 내린 지 14일 만에 예안통문이 나왔다. 대낮에 행인을 붙들어 강제로 상투를 잘라버리는 일이 자행되고, 그것이 지방에도 확산되기 시작했다. 단발령이 예안에 도착한 날이 음력으로 1895년 11월 27일, 즉 양력으로 1896년 1월 11일이었다. 그러자 길을 나다니기가 두렵고, 민심은 격앙되어 갔다. 명성황후 시해 소식이 들릴 때에는 임오군란 때처럼 국상이 선포된 뒤에도 뒤늦게 국모가 되살아난 것처럼, 그런 일이 생길지도 모른다고 여겨졌다. 그래서 당장 의병이 일어나지는 않았다. 하지만 단발령은 달랐다. 그것이 시행되기 시작하면서 주변에서 욕을 당하는 일이 발생하자, 계급과 지역을 가릴 것 없이 치욕스런 난국에 직면하게 되었다. 이를 막지 못한다면 특히 지도층이자 지배계급이던 유림들로서는 걷잡을 수 없는 치욕을 겪을 것이 분명했다. 급기야 곳곳에서 거병을 논하는 통문이 동시다발로 쏟아져 나온 것이다. 그 가운데서도 예안의 통문이 앞섰다.

예안 통문에는 모두 223명이 서명했다. 그런데 그 가운데 단지 7명의 이름만 전해진다. 예안 유생 이만응李晚應·금봉렬琴鳳烈(혹은 금봉술琴鳳述)·목사 이만윤李晚胤·진사 김수현金壽鉉·교리 이만효李晚孝·승지 이중두李中斗·승지 이중봉李中鳳이 그들이다.김상기, 「在元山領事 報告」, 『韓末義兵資料』 II, 독립기념관 한국독립운동사연구소, 2001, 81-82쪽. 7명 가운데 금봉렬과 김수현을 제외하면 모두 진성이씨이다. 이만응은 상계파로서 영남만인소 소수였던 이만손의 생가 동생이고, 이만윤은 의인출신이며, 이만효와 이중봉은 상계, 그리고 이중두는 하계출신이다. 특히 이중두는 이중언과 과거 시험을 준비하기 위해 함께 산 속으로 들어가서 공부했

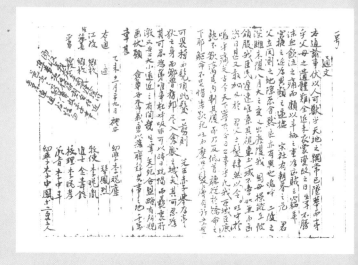

● 예안 통문

던 8촌형이다. 그런데 예안 통문 서명자 대표 7명에
서 이중언 이름을 발견할 수 없다. 하지만 223명 전
체 명단에는 당연히 들었으리라 짐작된다. 참가자의
면면을 보거나, 특히 이중두와의 관련이나, 통문 직
후에 결성된 예안 선성의진에 이중언이 참가했던 점
을 보더라도 그가 여기에 동참하지 않았을 리가 없기
때문이다.

(전략) 금년 8월에 우리 국모를 시해한 큰 변이 일어났는데, 우리 국모를 폐위하고 복위하는 것도 그 놈들 손에 있고, 우리 신민에게 복을 입히는 것도 그놈들 마음대로 하니, 우리나라를 너무도 업신여길 뿐만 아니라 방자하고 흉악함은 날로 심하여 더구나 임금의 머리를 깎게 하고 국(상)중에 마침내 삭발령을 내리니 아 원통합니다. 고금 천하에 오늘 같은 일이 어디 있겠습니까. 무릇 우리나라 백성치고 누구나 다 그놈들의 살을 씹고 그놈들의 배를 쪼개고 싶은 심정인데, 도리어 고개를 숙이고 강압으로 내려진 명령에 복종한단 말입니까. 목숨은 나라에 바쳐 뼈가 가루가 되고 싶으나, 머리털은 부모에게 받았으니 어찌 죽음이 두려워서 중의 머리가 된단 말입니까.

여생을 보내겠다고 미련을 버리고 봉화 산골로 들어간 그였지만, 민족문제가 발생하자 다시 나서지 않을 수 없었다. 예안의진, 혹은 선성의진宣城義陣이라 불린 의병에 그도 참가하고 나섰다. 당시 기록에 '선성진'이라거나 '청량진' 등이 쓰였던 점을 헤아려 여기에서는 '선성의진'이라 부른다.

의병항쟁사에서 첫 걸음은 1894년 7월에 안동에

서 일어났다. 갑오의병이라 불리는 이 항쟁은 청일전쟁을 일으키기 이틀 앞서 일본이 1894년 6월 21일 경복궁을 점령하여 명성황후를 시해하려고 시도한 만행, 곧 '갑오변란'에 항거하여 궐기한 것이다. 그러다가 다음 해에 실제로 명성황후가 시해되고 단발령이 강행되자 전국에서 의병이 다시 일어나고 이듬해 1896년 병신년까지 이어졌으니, 연구자들은 이를 을미·병신의병이라 부른다. 또 뒷날 1904년부터 1909년까지 다시 일어난 중·후기 의병과 구분하여 '전기의병'이라 불리기도 한다.

예안에서 일어난 선성의진은 전국에서도 비교적 일찍 일어났다. 단발령이 전해진 직후에 예안통문이 발표되고, 12월 11일(양 1896.1.25)에 거병하였다. 예안에서 일어난 선성의진이 거병한 날은 안동의진이 거병한 지 8일 뒤였고, 다른 지역에 비해서는 매우 이른 것이었다. 당시 봉화에 우거하고 있던 이중언은 분연히 나섰다.

선성의진은 앞뒤로 네 명의 의병장이 지도해 나갔다. 처음에 의병장으로 천거된 인물은 이만도였다.

경북 북부지역 전기의병 결성일자

의진명칭	결성일자
안동의진	1.17(음 12.3)
선성의진(예안)	1.25(음 12.11)
문경의진	2.23(음 1.11)
영주의진	2.28(음 1.16)
영양의진	2.29(음 1.17)
예천의진	3.3(음 1.20)
청송의진	3.12(음 1.29)
순흥의진	3.14(음 2.1)
풍기의진	3.14(음 2.1)
영해의진	3.23(음 2.10)
봉화의진	3.23(음 2.10)
의성의진	3.25(음 2.12)

안동과 예안에서 의병이 일어난 뒤, 한달 또는 두달이 지나자 주변 지역에서도 의병을 일으켰다.

그는 이중언에게 각별한 인물이었다. 하계마을에서도 옆집에 살던 이웃이자 4종숙이 되는 인물이지만, 특히 두 사람은 같은 줄기의 가학을 이어받았다. 이중언에게 이만도는 집안 아저씨이자, 학문적 선배요, 과거시험과 관직에서 길잡이였다. 그런 이만도가 이끄는 의진에 이중언이 참가한 일은 당연하다. 그런데 이만도가 이끈 선성의진은 거병한 지 8일만에 중단되었다. 그리고 온혜마을 위쪽의 용계출신이자 1차 선성의진 부장을 맡았던 이중린李中麟이 2차 의진을 조직하였으니, 1차 의진이 해산한 뒤 보름만의 일이다. 이중언 이름이 확실하게 등장한 것도 바로 이 2차 선성의진이다.

2차 선성의진이 결성된 날은 1896년 2월 16일(음 1.4)이었다.이긍연,「乙未義兵日記」1896년 1월 4일자. 2차 선성의진에서 이중린 대장 아래에 이중언이 활동했다는 기록은 선명하게 남아있다. 2차 선성의진이 결성된 뒤 한 달 지난 3월 14일(음 2.1), 청송의진 기록인『적원일기赤猿日記』에 그의 이름이 나타났다. 즉 청송의진이 결성되고 이틀 지난 이 날, 선성의진 군문도총軍門都總 이중목李中穆과 진무장鎭撫將 이중언, 그리고 영양 좌방장左防將 김도현金道鉉이 청송의진을 방문했다는 기록이 그것이다.

예안의진 군문도총 이중목과 **진무장 이중언**, 영양 좌방장 김도현이 와서 하루밤을 자고 돌아갔다. 그 부대의 대오는 질서와 조리가 있어 가히 볼만 하였다. 조금 후에 들으니, "양진은 청운靑雲에 가서 의성군수 이관영李觀永의 집을 수색하여 적의 물건들을 취하였으니, 대개 이관영은 개화당으로 대구관찰사 이중하李重夏 무리들인 까닭에 일전에 이미 안동진에서 잡아갔다."고 한다.「赤猿日記」1896년 2월 1일자. 이 글에서 金燾鉉이라는 표현은 金道鉉의 잘못이다.

이 글은 청송의진이 결성된 직후, 선성의진과 영양의진 별동대가 다녀간 사실을 말해준다. 그 방문은 의병부대를 꾸려나가는 데 필요한 군수품 확보에 목표를 둔 것이었으리라 짐작된다. 또 거기에는 의병을 일으키라고 촉구하는 뜻도 있고, 한편으로는 이를 방해하거나 막고 나서는 수령을 응징하려는 의미도 있었다. 단발을 앞장서서 시행한다든지 의병 탄압에 앞장선 지방수령들을 지목하여 처단하던 일이 발생하던 당시에, 의성군수 이관영도 그러한 혐의로 안동의진에 체포되었다. 그래서 선성의진과 영양의진은 청송 청운에 있던 의성군수 이관영의 집을 수색하고 물품을 '노획'한 것이다. 그처럼 선성의진 별동대를 이끌고 방문한 지휘장 두 사람 가운데 이중언의 모습이 확연하게 확인된다. 게다가 예안과 영양의 두 의진이 질서 정연하고 당당한 모습을 띠고 있었다는 사실도 이 글이 전해주고 있다.

이중언이 선성의진에서 또 한 번 명확하게 등장하는 것은 영양 좌방장 출신이자, 2차 선성의진의 중군中軍으로 초빙된 김도현金道鉉의 기록「벽산선생창의전말碧山先生倡義顛末」이다. 이중언과 더불어 청송을 방문했던 김도현은 영양의진에서 활약했는데, 예안 선성의진에서 초빙하는 바람에 그는 예안으로 합류하게 되었다. 그런데 본래 2차 선성의진의 중군은 광산김씨 문중의 김석교金碩敎였다. 선성의진이 3월 말에 7개 의진이 연합하여 태봉전투를 치르게 되는데, 그에 앞서 김석교는 선성의진 중군으로서 예천에서 회맹會盟 의식에 참가하였다. 회맹의식이란 여러 의병부대가 연맹을 맺는 의식을 말한다. 회맹을 맺던 3월 26일(음 2.16)까지 선성의진 중군은 김석교였다. 그런데 바로 그 직후에 김석교는 서상렬이 이끌던 호좌의진으로 옮겨갔다. 그 뒤를 이어 선성의진 중군 자리를 맡은 사람이 김도현이다. 그는 28일에 산양에 도착하여 예안의진 중군에 취임하였다.「碧山先生倡義顛

末」,『독립운동사자료집』2, 1971, 719쪽.

　이만도의 제자인 김도현은 영양군 청기출신으로 일찍이 청량산에서 거병을 모색하던 인물이다. 김도현이 참가하면서 선성의진은 본격적인 전투의병 성격을 띠는 편제를 갖추었다. 그리고 바로 그 편제로 태봉전투를 치르게 되고, 거기에 이중언은 전방장前防將으로서 참전하였다. 당시 지휘부 진용을 알려주는 간단한 편제 내용은 다음과 같다.김도현,「碧山先生倡義顚末」,『독립운동사자료집』2, 1971, 22쪽.

태봉전투 당시 2차 선성의진 지휘부 일부

대　장	이중린李中麟
중　군	김도현金道鉉
선봉장	이인화李仁和
전방장	이중언李中彦
참　모	이빈호李彬鎬
	이중엽李中燁
종　사	이장규李章奎

　여기에 등장하는 선봉장과 전방장, 그리고 참모와 종사가 전체 지휘부는 아니었음은 당연하다. 다만 김

● 2차 의병장 이중린의 집이 있던 용계마을(온혜 안쪽)

도현의 글에 등장하는 이 인물들은 2차 선성의진 가운데서도 핵심인물임에 틀림없다. 김녕김씨인 김도현과 영천이씨인 이장규를 제외하면, 나머지는 모두 진성이씨들이다. 이중린은 용계, 이인화는 온혜, 이중엽은 상계, 그리고 이중언과 조카 이빈호는 하계출신이다. 그렇다면 이중언이 2차 선성의진에서 가지는 위상과 역할은 뚜렷한 셈이다.

2차 선성의진이 활동하던 무렵에 안동에서도 큰 변화가 있었다. 안동의진이 거병하자 안동관찰사 김석중金奭中이 도주했다가 다시 관군을 앞세워 안동부

● 김도현 생가(영양군 청기면 상청리)

를 장악한 일이 발생한 것이다. 여기에서 관찰사라는 말을 설명하고 넘어간다. 조선 8도를 23개 관찰부와 그 아래 337개 군으로 재편하였는데, 경상도는 안동부·대구부·진주부 동래부로 나뉘고 안동부에 17개 군이 속했다. 의병이 일어나자, 1896년 이를 다시 바꾸어 안동부와 대구부를 합쳐 경상북도, 진주부와 동래부를 경상남도로 바꾸었다. 여기에서 말하는 안동관찰사는 바로 17개 군을 거느린 안동부의 관찰사란 뜻이다.

한 차례 밀려났던 안동의진이 진용을 정비하고 반

격하여 다시 관군을 몰아내고 안동부성을 탈환하였다. 이에 관찰사 김석중이 탈출하자, 안동의진이나 선성의진 모두가 김석중 체포령을 내렸다. 이중린이 이끌던 2차 선성의진 시절에 내려진 체포령이다. 이긍연, 「을미병신일기」, 1896년 1월 12일자. 김석중은 도주하다가 마침 문경에서 이강년의진에 붙들려 농암장터에서 처단되었다. 「운강선생창의일록」, 『독립운동사자료집』1, 1971, 212쪽.

2차 선성의진은 1차와는 달리 처절한 전투를 치렀다. 선성의진은 안동·봉화·예천·순흥·영천(榮川현 영주), 그리고 제천에서 온 호좌의진湖左義陣과 더불어 일본군 병참부대 공격에 나섰다. 상주 태봉에 터를 잡은 일본군이 그 목표였다. 당시 일본군이 부산에서 대구를 거쳐 서울로 연결되는 병참노선을 확보하고 있었는데, 그 지점이 상주 낙동과 태봉을 거쳐 수안보를 거쳐 충주로 연결되고 있었다. 그래서 의병들이 태봉 주둔 일본군 부대를 공격 목표로 지목했던 터였다. 호좌의진 별동대를 이끌고 3월 10일(양력) 안동에 도착한 서상렬은 연합의진 결성과 태봉 공격을 제기하였다. 권대웅, 「乙未義兵期 慶北 北部地域의 醴泉會盟」, 『民族文化論叢』14, 1993, 65쪽. 선성의진도 기꺼이 여기에 동참하기로 결정했다. 전방장이라는 중책을 맡은 이중언이 거기에 참전한 것은 당연하다.

선성의진 선발부대는 예안을 출발하여 1차 집결지인 안동 풍산을 거쳐 3월 20일(음 2.7) 예천으로 향했다. 선성의진은 3월 26일(음 2.13) 예천읍내 강변에서 안동권 6개의진과 호좌의진 등 7개 의진 대표가 백마를 잡아 그 피를 마시며 동맹을 서약하고 승리를 기원했다. 예천회맹이라 불리는 의식을 치른 것이다.이긍연, 「을미병신일기」, 1896년 2월 13일자. 그 자리에서 연합의진은 다섯 가지 맹약문을 선택하였다. 역적의 무리가 되지 말 것, 중화제도를 바꾸지 말 것, 죽고 사는 것으로 마음을 바꾸지 말 것, 사적으로 행동하지 말 것, 적을 보면 진격할 것 등이 그 내용이다.이 맹약문은 서상렬이 元容正을 시켜 작성한 것이라 한다(李正奎, 「六義士列傳」, 『獨立運動史資料集』1, 1971, 174-175쪽.) 그리고서 연합의진은 태봉을 공격하기 전에 의병진압을 위해 서울에서 파견된 관군을 도운 예천군수 류인형을 처형하여 기세를 올렸다.

이중언이 예안을 출발한 시기는 3월 26일, 즉 예천회맹이 열리던 그 무렵이었다. 중군 김도현·선봉장 이인화와 더불어 그는 선성의진 본대 300여 명을 이끌고 예안을 출발하였다. 그 행로는 서촌과 풍산 수동, 그리고 예천 오천梧川장터를 거쳐, 28일에 산양에 도착하였다. 이들은 도착 다음 날 전투가 시작된다는 사실을 알았다.김도현,「碧山先生倡義顚末」,『독립운동사자료집』1, 1971, 23쪽.

연합의진은 눈비 오는 날씨에도 불구하고 밤을 이용하여 예천군 용궁으로 향했다. 연합의진이 용궁을 거쳐 산양에 진을 친 날이 3월 28일(음 2.15)이었다. 15년 전 1881년 영남만인소를 시작하면서 도소를 차렸던 곳이 산양이었으니, 이중언도 남다른 감회를 느꼈을 것이다. 선성의진은 3월 28일 영주·순흥의진과 더불어 포내촌(浦內村; 현 문경시 영순면 포내리)에 머물고, 안동의진은 덕통역(상주시 함창읍 덕통리), 호좌의진은 함창, 풍기의진은 당교, 봉화의진은 동산촌(문경시 영순면 율곡리)에 머물렀다. 29일 아침 일찍부터 연합의진은 태봉공격에 나섰다. 일본군 보고에 따르면 연합의진 규모가 7천여 명이었다고 전해진다. 일본군은 100명을 넘지 않았지만, 의병에 비하여 무장력이 월등했다.

태봉전투는 이틀 동안 벌어졌다. 그 선두에 선성

● 선성의진 태봉전투 이동로

의진이 나섰고, 풍기·순흥·영주의진이 뒤를 따랐
다. 안동의진이 먼저 왼쪽 산 위로 올라가 일본군 진
지를 향해 천보총을 발사하여 일본군 1명을 죽이는
전과를 올렸다. 그러나 일본군 10여 명이 백사장으
로 나와 발포하는 바람에 의병은 순식간에 7-8명이
전사하고 20여 명이 부상을 입었다. 제방을 끼고 벌
어진 전투에서 전투력 차이가 뚜렷하게 드러났다.김도
현,「碧山先生倡義顚末」,『독립운동사자료집』1, 1971, 23쪽. 갑자기 일본
군이 짓쳐 나오고 포성이 들리자 의병들이 바람처럼
흩어졌다. 이중언이 참가한 선성의진도 다른 의진과

● 태봉

상주시 함창읍 태봉리. 대구에서 충주로 연결되는
병참선상에 놓인 곳이므로 일본군이 주둔했다.

마찬가지로 뒤로 물러섰다. 일본측 자료에도 당시
일본군수비대와 응원군 2개 분대가 증파된 가운데 7
천명과 치른 전투에서 의병 전사자가 30명에 이른다
고 보고되었다. 「전신선로에 관계되는 폭도들의 상황보고」, 《일본공사관기
록》8, 263-264쪽.

29일 밤에 의병들은 대체로 예천으로 후퇴하였다
가 출신지에 따라 흩어졌다. 선성의진은 용궁으로 갔
다가 학가산으로 이동하고, 녹전을 거쳐 예안으로 돌
아온 날이 3월 31일(음 2.18)경이었다. 이동신, 「예안지역의

'宣城義兵[1895-1896]' 연구」, 『안동사학』8, 2003, 149쪽. 한편 호좌의진은 예천 경진교京津橋(서울나들이) 근처에서 다시 싸울 계책을 마련한다고 했다. 안동의진은 예천을 거쳐 안동으로 후퇴했지만, 다른 의진과 달리 후퇴 과정에서 뼈저린 고통을 겪어야만 했다. 추격해 온 일본군이 4월 2일(음 2.20)에 풍산에 주둔하던 안동의진을 기습했고, 이어서 안동시내 서쪽 입구인 송현에서 불을 질러 안동부 중심부를 태워버렸다.

안동의진은 밀려드는 일본군을 맞아 여러 곳에서 전투를 치렀고, 봉정사 전투에서 적을 막는 데 실패하였다. 그러자 안동으로 접어드는 송현 고개까지 추격해 온 일본군이 안동부를 의병의 소굴이라 하여 시가와 민가에 불을 질렀다. 마침 바람을 타고 불길이 안기동에서 시작하여 탑곡塔谷(법흥동 골짜기)까지 덮쳐,「赤猿日記」, 1896년 2월 21일재[양 4.3] 안동 도심 1,000여 호의 민가가 불타버렸다.李南珪,「辭安東察使疏」,『高宗實錄』中卷 34;『修堂集』2,〈疏〉;「碧山先生倡義顚末」,『독립운동사자료집』2, 721쪽. 4월 2일(음 2.20)에 벌어진 일이었다. 안동부 방화를 자행한 일본군은 보병 제10연대 제1대대 소속의 50여 명이었던 것으로 밝혀진다.

● 선성산

안동댐 건설로 아래 마을이 수몰되었다.

안동이 공격받고 있다는 급보를 받은 선성의진이 급히 안동을 향했다. 안동의진에서 도움을 청하는 소식을 받자 김도현이 50여 명을 이끌고 안동부를 향했다. 도중에 밤이 깊어 중간에 광산김씨 예안파 종가인 오천烏川(외내) 후조당後彫堂에서 잤는데, 김도현을 비롯한 선성의진은 산 너머로 안동부 하늘이 벌겋게 타오르는 장면을 지켜보았다. 아마 이중언도 그 속에 있었을 가능성이 크고, 그랬다면 잿더미로 변해가는 안동부를 생각하며 치를 떨었을 것이다.

이후 선성의진에서 이중언의 움직임이 확연하게 드러나지 않는다. 세밀하게 그의 움직임을 담은 기록이 없으니, 언제까지 의진을 이끌었는지 알 수 없다. 선성의진이 태봉전투를 치르고 돌아온 뒤에 선성산에 산성을 개축했다거나 기봉旗峰에 굴을 팠다는 활동이 보이는데, 선성의진이 적을 대비한 모습을 보여준다. 아마 이 무렵에 그는 김도현과 함께 움직였으리라 생각된다. 그런 가운데 4월 중순(음 3월초)에는 김도현이 선성의진 중군에서 해임되고, 곧 안동의진 부장으로 자리를 옮기는 일이 생겼다. 세 번이나 사직을 원하던 일이기도 했지만, 사실상 의진 내부에서 생겨난 여러 가지 불협화음이 그 원인으로 작용한 듯하다.

일본군과 관군이 본격적으로 예안에 밀려들자 선성의진은 청량산으로 들어갔다. 청량산淸凉山 산성을 기지로 삼고 버티자 일본군과 관군은 의병 근거지를 없애려 나섰다. 5월 31일(음 4.20)에 청량산 오산당吾山堂이 불태워지거나, 심지어 그 전 날 퇴계종가에 불을 질러 1,400권 문서와 책이 소실된 일이 대표적인 사례이다.이긍연, 「을미병신일기」, 1896년 4월 20일자. 이중언의 집에서 멀지도 않은 상계마을 큰 종가에 방화사건이 일어

● 오산당

오산당은 퇴계의 유적이
다. 선성의진이 한 때 머물
던 오산당도 일본군의 공격
으로 소실되었다.

● 청량산

선성의진이 머물던 청량산

● 퇴계종가

퇴계종가는 의병을 지원했
다가 1896년과 1907년 두
차례 화공을 당해 소실되고
1926~1929년 자리를 옮겨
다시 세워졌다.

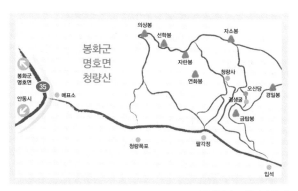

● 청량산과 오산당의 위치

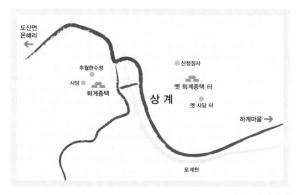

● 퇴계종가의 위치

났으니 모두들 황망하기 그지없는 사태가 아닐 수 없었다. 그 난리를 겪은 뒤 열흘 지난 6월 10일(음 4.29)에 2차 선성의진은 해산하였다. 이 무렵에 이중언이 사실상 의병에서 손은 뗀 무렵이 아닐까 추정해본다.

● **3차 의병장 이인화 생가 자리**
온계선생 종택인 삼백당, 온혜초등학교 옆, 현재복원중.

　선성의진은 그 뒤에도 다시 살아났다. 온혜마을 이
인화와 이찬화李燦和가 각각 3-4차 선성의진을 결성
하여 9월까지 활동하였다. 이인화는 퇴계 형인 온계 이해의 종가인 삼
백당三栢堂 출신이고, 이찬화는 퇴계 생가인 노송정老松亭 종손이다. 하지만
여기에 이중언이 동참했다는 자료는 나타나지 않고
있다. 물론 이 시기 의병자료 자체가 극히 희박하므
로 그가 참가하지 않았다고 단정할 수는 없다. 처음
부터 김도현·이인화와 더불어 활동한 정황으로 본
다면 이중언이 3차의진에도 동참했을 가능성이 있지

● 온혜 삼백당의 위치

만, 그렇다고 확정할만한 자료가 발견되지 않으니 단
정지을 수가 없다.

　일본군과 관군의 반격은 안동을 뒤흔들어 놓았다.
금계출신 포장砲將 김회락金繪洛과 척후장斥候將 김
진의金鎭懿가 7월 22일(음 6.12) 새벽에 안동병대에
붙잡혀 김회락이 포살당하고, 김진의가 감옥에 갇
히는 비극이 발생했다.[이긍연, 「을미병신일기」, 1896년 6월 12일자]
뒤를 이어 9월 6일(음 7.29) 삼백당三栢堂이 소실되
는 일이 발생했다. "불행 중 다행인 것은 사당만 화
를 면했다."고 기록되어 있을 정도이다.[이긍연, 「을미병신일

기」 1896년 7월 29일자. 이는 모두 의병을 이끌거나 지원했던 서산 김흥락의 본가와 선성의진 대장소로 사용된 삼백당을 보복 공격한 일이었다. 이렇게 처참하게 돌아가던 의병이 9월에 선성의진과 안동의진이, 10월 15일에 김도현이 해진解陣함으로써 막을 내렸다. '전기의병'이 모두 막을 내린 날이 바로 김도현이 의진을 해산한 날이다.

다섯 역적(을사오적)의
목을 베소서

을미의병이 끝나고서 이중언은 1903년까지 봉화에 우거했다고 전해진다. 예안의병이 1896년 9월에 끝났으므로, 그가 다시 하계마을을 떠난 때는 그 해 가을이 아닌가 짐작된다. 그렇게 떠나간 봉화는 한 해 전까지 은거했던 바로 안동 녹전면 매정리 담마(담리, 담말)의 신암폭포를 말한다. 이미 1892년부터 1895년까지 세상을 등지고 은거했다가 의병에 참가하려고 나왔었는데, 다시 그곳을 찾아 들어갔던 것이다. 그리고서 약 7년을 머물게 되었으니, 신암폭포 곁에서 은거생활을 보낸 기간이 모두 10년이나 되는 셈이다. 그가 신암계원이었다는 기록은 1901년 12월 13일자로 작성된 한 통의 편지에서 확인된다.

●「新巖稧의 서신」

　그가 다시 하계마을로 돌아온 시기가 1903년이었
다. 향산 이만도의 아들 기암 이중업이 쓴 행장에 보
면, 이 때 이중언이 동암 바로 아래에 집을 지었다고
전해진다. 처음 이곳에 집을 지은 것이 아니라 봉화
로 가기 전에 살던 집에서 몇 발짝 떨어지지 않은 곳
이었다. 그렇다면 역시 종가 수졸당 아래쪽이고 향
산댁 옆이기도 했다. 퇴계묘소로 올라가는 입구이자,

동암 바위 아래, 또 하계마을 종가 아래에 집을 짓고 조용한 삶을 보내기 시작했다.

날마다 벗들과 더불어 바둑을 두거나 술잔을 마주치면서 세상의 온갖 시름에서 벗어나고자 했다. 달 밝고 인적이 드물 때는 작은 집에서 몸가짐을 가지런히 하여 앉아서는 경전 서너 장章을 낭송하곤 했다. 간혹 대삿갓에 도롱이를 걸치고 밭이랑을 손질하며 농사일을 하기도 했는데, 다른 사람들은 그가 간의諫議 직함을 역임한 귀한 신분이라는 사실을 알지 못했다.이중업,「家狀」,「東隱實記」

이렇게 세상 일 잊고 지내던 시절도 잠시 뿐, 2년 뒤에 온 나라를 뒤흔드는 일진광풍이 몰아쳤다. '을사조약' 혹은 '을사늑약'이라 불리는 조약이 체결되었다는 소식이 그 발원지였다. 1894년에 청일전쟁을 일으켜 경쟁자를 물리친 일본이 10년 뒤인 1904년에 이제 마지막 경쟁자 러시아를 해치우고자 전쟁을 일으켰다. 1903년 12월에는 일본각의는 대한제국을 식민지 앞 단계인 '보호국'으로 만든다는 방침을 결정했다. 그리고서 1904년 2월 8일 인천항에서 러시아함대를 격침시키면서 침략전쟁을 시작하였다. 서울을 점령하고 황제를 위협하여 '한일의정서'를 체결하였다. 이를 근거로 삼아 일제는 3월 용산에 '한국주차군사령부'를 설치하고, 나아가 2개 사단 1만 6천명을 상주시켰다. 8월에는 제1차 한일협약을 체결하여 재정고문과 외교고문을 받아들이게 만들어 일제는 한국을 종속의 길로 끌고 갔다. 메가타目賀田種太郎 재정고문이 한국 경제를 일제에 종속시켜 나간 것이 대표적인 내용이다.

1905년 5월 일제가 러일전쟁 승리를 확신한 뒤 대한제국을 '보호국'으로 만든다는 계획을 확정하였다. 이를 위해 외교권을 빼앗고 내정을 간섭한다는 방침도 세워졌다. 마지막 정지작업으로 미국 육군장관 태프트W. H. Taft와 밀약을 추진한 결과 태프트-카쓰라桂太郎 조약이 맺어졌다. 그 핵심은 일본이 한국을, 미국이 필리핀을 지배한다는 데 합의한 것이다. 그리고서 9월 5일에 포츠머스Portsmouth 조약으로 러일전쟁이 종결되자, 한국을 식민지로 만드는 마지막 단계로 나아갔다. 일제 중추원의장 이토伊藤博文와 한국주차군사령관 하세가와長谷川好道, 그리고 공사 하야시林權助가 나서서 한국 대신들을 강압하면서 조약체결을 밀고 나갔다. 이토가 11월 15일 황제를 알현하고 조약안을 제시했다. 다음 날 이토는 외부대신 박제순을 만나 압력을 가하고, 17일에는 각 대신을 일본공사관에 불러 조약 체결을 강요하고 나섰다. 그리고서 이토가 다시 황제를 알현하러 덕수궁으로 향했다. 일본군이 궁성을 포위하여 무력시위를 벌이는 가운데 어전회의가 열렸다. 그 자리에서 한규설(참정대신)·민영기(탁지부대신)·이하영(법부대신)이 끝까지 조약 체결에 반대했다. 그러나 미리 이토의 강요에 굴복한 이완용(학부대신)·이지용(내부대신)·박제순(외부대신)·이근택(군부대신)·권중현(농상공부대신)이 동의하였다. 그러자 이토는 '외부대신인外部大臣印'을 가져오라고 강요하여 문서에 도장을 찍게 만들었다. 그 시각이 11월 18일 새벽 2시였다. 이렇게 밀어붙이고서, 일제가 붙인 이름이 '보호조약保護條約'이다. 한국을 식민지로 만들기 앞서 '보호국' 단계가 되었다고 일제가 선언한 것이다.

하지만 이 조약은 사실상 체결된 일이 없다. 국제적으로 조약이 성립되려면 기본조건을 갖추어야 한다. 먼저 외무담당 대표가 최고통수권자로부터 신임장을 받아야 하고, 다음으로 최고통수권자의 서명이 필요하다. 그런데 이 경우에는 두 가지 조건을 전혀 갖추지 못했다. 외부대신 박제순이 황제로부터 신임장을 받은 일이 없고, 또 갖고 있지도 않았다. 더구나 최고통수권자인 황제가 이를 비준한 일도 없다. 더구나 광무황제가 이 '조약'이 합당하지 않음을 여러 차례 밝힌 사실은 조약이 성립하지 못했음을 천명한 것이다. 광무황제는 헐버트와 알렌을 통해 미국에 그 뜻

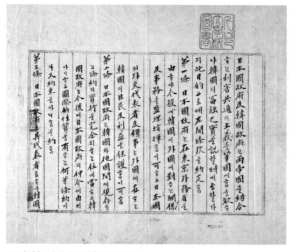

● 박제순-하야시 강제합의서 원문
제목도 없다.

을 알리고, 또한 조약 자체가 무효임을 황제가 직접 선언한 문서를 1906년 12월 1일자 영국 트리뷴지에 게재함으로써 국제사회에 그 뜻을 알리기도 했다.

지금까지 '을사보호조약'·'을사조약'·'을사늑약乙巳勒約' 등으로 불려온 것은 하나 같이 문제점을 갖고 있다. 어느 것도 정확한 표현이 아니며, 더구나 '을사보호조약'이란 표현은 일제 주장을 그대로 받아들이는 것이다. 당시 유림들은 협박으로 맺어졌다고 '협약脅約'이라거나, 허위라고 생각하여 '위약僞約'이라 표현하기도 했다. 하지만 조약은 결코 맺어진 일이 없다. 그것은 어디까지나 국가차원이 아니라 박제순과 하야시라는 두 인물 사이에 억지로 맺어진 '박제순-하야시 억지합의'에 지나지 않는다. 즉 '조약'이 아니라 '합의서'에 지나지 않았다는 말이다. 따라서 이로 말미암아 이루어진 외교권 찬탈과 그 가짜 외교권을 내세워 간도협약을 맺고 병합으로 몰고 간 그 모든 행위가 불법이요, 원천 무효이다. 그렇지만 국제 외교와 적법 절차를 제대로 이해하기도 전에 일제가 체결되었다고 공포한 그 순간부터 전국은 울분과 저항으로 파도치는 정황이 펼쳐졌다. 일제 강요에 굴복한 대신 5명을 '을사5적'으로 규정하고 이를 처단하라는 상소가 빗발치고, 민영환과 조병세를 비롯한 자결 순국자가 속출하였다. 또 의병들이 전국에서 일어나 항쟁을 벌였다.

이런 난국에 이중언이 고요하게 세월을 보내고 있을 리는 없었다. 의리를 생명처럼 생각하고 살아왔고, 짧은 순간이나마 관직생활을 보낸 그로서는 자신이 나서야 할 순간이라 판단했다. 그는 황제에게 상소문을 올리기로 작정하고 소장疏章을 지었다. 그 제목이 '청참5적소請斬五賊疏', 즉 '다섯 역적의 목을 베소서'이었다. 그리고는 조카 이빈호李斌鎬를 대동하고 서울로 향했다. 이에 앞서 옆집에서 이중업李中業이 부친 이만도李晩燾가 쓴 상소문을 갖고 서울로 향했다. 다리가 부어 제대로 걷지 못하는 아버지를 대신하여 이중업이 상경한 길이었다. 상소문을 써서 아들 이중업에게 상경하여 소를 올리게 하였다. 둘은 동시에 상소문을 대궐에 제출했다.李中業,「家狀」,『東隱實紀』

이중언이 제출한 「청참5적소請斬五賊疏」 요점을 정리하면 이렇다.

● 덕수궁
이곳에서 이중언이 '청참5적소'를 올렸다.

저는 시골에 있는 사람으로서 조정의 일에 무어라 간섭
한 적이 없습니다. 그런데 지금의 상황을 보니 나라가 위
급한 처지에 놓여 있으므로 발을 대궐로 옮겨 피를 쏟는
마음으로 진심을 말씀드리게 되었습니다.

일본은 우리에게 원수의 나라이니, 임진왜란 당시 명종
과 중종 두 임금의 능을 파헤친 원수입니다. 왜 그런 원수
를 불러 들여 근심을 자초합니까? 그런 바람에 나라 안에
서양 오랑캐들이 가득 차게 되었고, 간사한 무리들의 계략
이 날로 교묘해지고 있습니다. 국모가 시해된 을미년 변
란도 이 때문에 생겨난 일입니다. 그런데도 토벌과 복수

의 의리를 펴지 않고 있으니, 우리나라는 과연 강상綱常이 있는 나라입니까? 우리나라는 과연 신하와 백성이 있기나 하는 나라입니까?

최근에 벌어진 변란은 종사와 나라 운명이라는 점에서 본다면 을미년 보다 심합니다. 강토는 조종祖宗의 강토이고, 인민은 조종祖宗의 인민입니다. 원수 무리들이 폐하를 협박하도록 획책했으나, 폐하께서는 '안 된다'고 말씀하셨습니다. 그러니 거절의 말씀도 엄정했고 의리도 정확했습니다. 그럼에도 불구하고 저 다섯 역적들은 어떤 인간들이기에 감히 사사로이 자발적으로 서명함으로써 조인되게 하였다는 말입니까?

이 다섯 역적은 폐하의 죄인만이 아니라 조종의 죄인이며, 천하 만고의 죄인입니다. 따라서 반드시 죽여야 할 자들이니, 그들의 머리를 베어 거리에 걸어두어야 합니다. 그래서 위조된 조약은 폐하께서 모르는 상태에서 다섯 역적이 속인 일이라는 사실을 드러내 보이신다면, 세계 모든 나라의 의혹은 저절로 해소될 것이며 전국에 걸쳐 비등해진 여론도 안정될 것입니다. 그런 다음에 각국 공관에 공문을 보내 힐난하시면서 만국공법에 입각해, 협박으로 맺은 거짓 조약들을 마땅히 폐지해야 합니다.

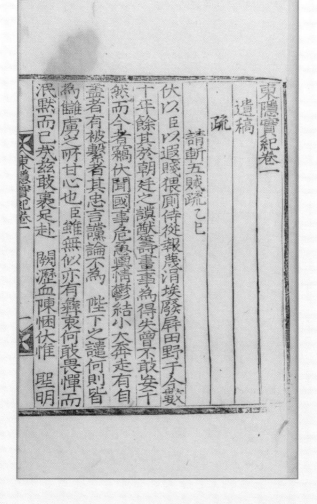

遺稿

疏

請斬五賊疏 乙巳

伏以臣以退賤猥厠侍從報效涓埃屏居田野于今數
十年餘其於朝廷之謨猷籌畫事為得失曾不敢妄干
然而今者竊伏聞國事危疑憂憤鬱結小大奔走有自
蓋若有被繫者其忠言讜論不為　陛下之謨何則皆
為讎虜之所甘心也臣雖無似亦有彝衷何敢畏憚而
泯默而已哉兹敢裹足赴　闕瀝血陳悃伏惟　聖明

東隱實紀卷一

● 다섯 역적의 목을 베라는 '청참5적소'

엎드려 바라건대 성명聖明을 경계하고 살피십시오. 그렇게 하신다면 종사宗社는 안정된 토대를 구축할 것이고, 백성은 진정될 것이며, 폐하께서도 오랜 세월 뒤에 조종祖宗에게 돌아가 인사를 드릴 때 하실 말씀도 있게 될 것입니다. 오로지 도끼로 목을 베이게 될 때만을 기다릴 뿐입니다.李中彦, 「請斬五敵訴」, 『東隱實紀』

그는 '다섯 역적의 목을 베소서'라는 상소문에서 먼저 역사적 원수인 일본을 끌어 들인 잘못을 지적했다. 그러면서 일본이 강압함에도 불구하고 강제 병탄의 앞 단계로 가는 일제 정책을 단호하게 거부한 황제의 의지를 그는 높이 평가했다. 그렇다면 당연히 다섯 역적을 처형하는 일이 다음 순서라고 그는 천명하면서, 그 길이야말로 안으로 안정을 가져오고, 밖으로 조약이 거짓이라는 사실을 국제적으로 확인시킬 수 있다고 확언했다.

앞에서도 말한 것처럼, 사실상 이 조약은 체결된 일이 없었다. 다만 박제순과 하야시가 억지로 합의한 문서에 지나지 않는다. 다만 일제가 그것으로 조약이 체결되었다면서 우리의 외교권을 빼앗아가고, 통감

부를 설치하여 '보호국', 즉 병탄의 바로 앞 단계까지 끌고 갔을 뿐이다. 어디까지나 일제의 일방적 의도일 뿐, 우리가 합의한 일도 아니므로 원천무효임에 틀림없다.

자정순국과
뒤를 따르는 지사들

1910년 늦가을 하계마을은 온통 잿빛이었다. 이만도는 단식을 시작한지 24일이 지나 순국했고, 이중언이 그 길을 따른 것이 27일이었으니, 50일 동안 하계마을은 무거운 침묵에 휩싸였다. 뜻을 세우고 떠나는 두 어른을 보내고, 또 장례를 치러야 하니, 온 집안이 석 달동안 침묵과 통곡을 이어갔다. 그러면서도 두 어른을 장하게 여겼다. 이중직李中稙은 그를 기리며 만사에 이렇게 썼다. 그는 민족시인 이육사의 조부다.

위대하다 향산 숙부
뛰어나다 그대여

두 집안 소식 잇달아 들리니

빛나는 기품 가을보다 늠름하네

　순국과 장례 과정에 후손들과 하계마을 사람들이 겪은 어려움은 말할 것도 없다. 어른이야 단식을 시작했으니 그렇다 치더라도, 자손들은 그럴 수 없었다. 견뎌내려면 음식을 먹어야 했고, 어른께 누를 끼치지 않으려면 소리도 냄새도 피울 수 없었다. 후손들이 먹는다 해도 그것이 제대로 목구멍을 넘어 갈 수가 없었다. 더구나 손님은 줄을 이었다. 많은 집안 친인척들이 다녀가고, 함께 공부하고 교유했던 인사들이 작별하러 방문했다. 그러므로 이들 손님을 접대하는 일도 크나큰 일이었다. 후손들 처지에서 보면 참으로 딱한 날들이었다.

　더구나 이중언이 단식한 지 19일째, 네 살이던 손자가 갑자기 죽었다. 자신의 뜻을 세워 먼 길을 떠나려는 어른이야 그렇다 치고, 금쪽같은 손자가 먼저 떠나는 바람에 안타깝고 안타까웠다. 며느리에게 위로한다는 것이 고작 얼른 잊으라는 말 밖에 달리 찾을 수 없었다. 어른 마음에는 미안한 구석도 있지만,

그렇다고 나라 위해 던지는 생의 마지막 걸음을 멈출 수도 없었다. 반면 아들이나 며느리 생각에는 부친의 단식으로 정신을 차릴 틈이 없다가, 난데없이 아들이 죽는 바람에 더욱 경황이 없었을 것이다. 큰 뜻을 세워 떠나는 어른을 원망할 수도 없다. 그렇다고 자식을 잃은 마음을 표현할 수는 더욱 없다. 자식보다 어른이니까. 참으로 난감하고 안타깝고, 또 답답한 날들이 아닐 수 없었다.

안동문화권에는 스스로 삶을 마감하는 인물들이 줄을 이었다. 이미 1908년에 안동 수동출신 김순흠金舜欽이 예천에 옮겨 살다가 자결한 일이 있었다. 본격적인 순국 대열은 이만도에서 시작되었다. 이만도가 단식한 지 23일째, 곧 순국하기 하루 앞서 10월 9일(음 9.7) 와룡에 살던 권용하가 나라가 망한 소식을 자세하게 듣고서는 기둥에 머리를 부딪쳐 피를 흘리고 자결하였다. 이만도의 순국 소식을 들은 봉화군 춘양면 내곡마을의 이면주가 9일 뒤인 10월 19일 음독 자결하였다. 물론 이때는 이중언이 단식에 들어가 있던 때였다. 또 나라가 망하고 종묘가 훼철되었다는 소식을 들은 하회마을 류도발은 절명시를 남기

고서 음식을 끊은 지 17일 만인 11월 27일(음 10.26)
순국하였다. 또 군위 효령출신이면서 안동 풍천에 살
던 이현섭은 "내 차라리 목이 잘릴지언정 어찌 오랑
캐의 백성이 될까보랴"라는 시를 남기고 단식했고,
21일 만인 11월 26일(음 10.25)에 순절하였다. 풍산
소산출신 김택진은 이강년의진에 참가했던 인물인
데, 역시 나라가 망하자 가족들에게 "천만금이 생겨
도 친일하지 말라"는 유언을 남기고 단식한 끝에 11

● 안동의 순국자와 출신지

월 28일(음 10.27)에 만 36세라는 젊은 나이로 순국하였다.

1910년 단식의 물결은 1919년에도 이어졌다. 뒷날 광무황제 고종의 장례 당시 이미 순국한 류도발의 아들 류신영이 자결하였다. 류신영은 아들을 서울로 보내 장례에 참석시킨 뒤, 국장일인 3월3일(음 2.2) 음독 자결하였던 것이다. 아버지에 이은 아들의 자결이니, 또 어디에서 이 같은 일을 찾으랴.

또 고종의 대상이 치러진 1921년 1월(양력)에는 안동 부포마을 출신 이명우 부부가 대전 진잠에서 함께 순절하였다. 문과출신인 이명우는 나라가 망하자, 고향을 떠나 계룡산으로 숨어 살았다. 부모를 여읜 뒤 광무황제의 대상을 치르는 날에 맞추어 부부가 음독 자결한 것이다.

이렇게 보면 안동 사람으로 순국한 사람이 10명, 영양과 봉화에서 각각 한 사람씩이어서, 모두 12명에 이른다. 1905년 이후 경술국치까지 순절한 인물이 대개 90명쯤 되는데, 13%를 넘는 수치이다. 아버지와 아들이, 아저씨와 조카가, 스승과 제자, 그리고 함께 공부하고 의병대열에 앞장섰던 동지가 의리를 쫓아 한 길을 걸었던 것이다. 안동문화권의 의리정신과 저항정신을 확인할 수 있는 대목이 아닐 수 없다.

이중언의 영향을 받은 인물로서 독립운동에 나선 사람으로는 맏사위 김만식이 대표적이다. 그는 내앞마을 도사都事 김진린金鎭麟의 차남 김효락金孝洛의 첫째 아들이다. 백부가 만주에서 독립운동을 벌인 백하白下 김대락金大洛이요, 큰 고모부가 석주石洲 이상룡李相龍이다. 그리고 막내 고모부가 이중업이니, 고모는 향산 이만도의 맏며느리 김락金洛이다. 김만식은 큰 고모부를 도와 대한협회안동지회 설립에 참여하면서 본격적으로 구국운동에 나섰다. 나라를 잃은 직후 이상룡을 비롯한 안동인사들이 망명을 계획하면서 그에게 만주지역 사전조사를 맡겼다. 그 정보를 바탕으로 백부와 큰 고모부 및 김동삼 등과 함께 그는 만주로 망명하였다. 거기에는 하계마을 이원일李源一도 참가했다. 그는 서로군정서에서 활약하고 군자금 모집을 위해 국내를 출입하다가 1928년 청성진에서 일경에 붙들려 고초를 겪고 고문 후유증으로 병을 얻어 1933년 9월 사망하였다.

또 향산의 아들 이중업은 광복회 지원과 파리장서

(1919)에서 두각을 나타냈다. 그 아내 김락은 3·1운동에 참가했다가 수비대에 붙들려 고문 끝에 두 눈을 잃었고, 두 아들 이동흠·이종흠도 광복회와 제2차 유림단의거에 참가하였다가 모두 고통을 겪었다. 하계에 밀어닥친 광풍이 끊일 사이가 없었던 것이다.

그의 자취를 담은
『동은실기東隱實紀』 간행

이중언이 순국한 뒤, 남은 가족들의 삶은 힘에 겨
웠다. 남에게 그리 모자라거나 뒤질 만큼 살아본 적
이 없었다. 하지만 그 어른이 떠난 뒤 살림은 점점
어려워졌다. 남은 가족들을 이끌고 갈 사람은 부인
김주락과 아들 서호의 내외였다. 남편을 떠나보낼 때
아내 나이는 64세, 아들은 38세. 아들 내외는 단식하
던 아버지에 혼이 빠져 있다가 갑작스럽게 네 살난
사내아이를 잃었다. 부친과 아들을 한꺼번에 잃은 것
이다.

서호는 부친의 생애를 정리하는 데 매달렸다. 그
결실이 『동은실기東隱實紀』 간행이다. 대개 1916년
이후, 1910년대 후반에 간행된 것이라 짐작된다. 제

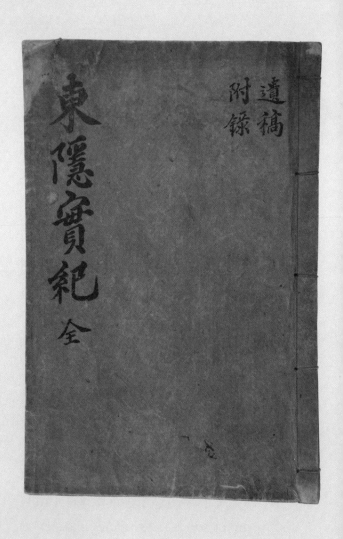

遺稿
附錄

東隱實紀

全

● 『동은실기』

아들 이서호가 아버지의 글을 모으고 동학들과 친인척의 글을 받아 펴냈다.

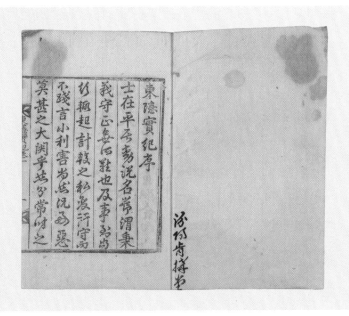

●『동은실기』 본문 첫 쪽

작 과정을 담은 글이 없어 분명하지는 않지만, 시기
를 명기한 글로는 맨 앞에 있는 「서문」으로 1916년
2월로 적혀 있다. 따라서 이 책이 간행된 시기는 이
보다 뒤의 것이고, 목판으로 작업을 진행한 점을 헤
아린다면 아무래도 1910년대 말로 여겨진다.

　1912년 상을 모두 치른 뒤, 아버지가 남긴 자료
를 정리하기 시작했다. 교지와 상소문, 경고문과 술

회사, 그리고 마지막 가시는 길을 정리한 고종일록을 간추렸다. 그리고서 이만도의 아들 이중업에게 「가장家狀」을 부탁했다. 두 사람 모두 아버지 단식을 지키면서 애를 태웠던 사람이고, 또 옆집에 살던 인연이 각별한 사이였다. 이중업도 집안 형인 이중언의 생애를 정리하는 데 망설이지 않았다. 누구보다 사정을 잘 알고 있던 터였기 때문이다.

이 「가장」을 들고, 서호는 다시 1915년 봄에 임하 내앞마을 김소락金紹洛에게 「행장行狀」을 지어달라고 부탁했다. 그는 맏사위 김만식의 숙부이기도 하고, 이중언과도 절친했던 인물이다. 그래서 1915년 동짓날 「행장」을 지어 주었다. 그런 다음에 나온 글이 맨 앞에 있는 서문 두 편으로, 류필영柳必永과 장승택張昇澤의 글이다. 그런데 장승택의 서문 끝에 글을 쓴 시기가 병진년 2월, 곧 1916년 2월로 적혀 있다. 장승택은 이 서문을 남기고 그 해에 작고했다.

최정우崔正愚가 「유사후지遺事後識」, 곽도郭鋾가 「장록후지狀錄後識」, 조긍섭曺兢燮이 「전傳」을 썼다. 그리고 이만규李晩煃가 쓴 「묘갈명墓碣銘」이 담겼다. 이중언이 단식할 때 밤에 찾아와 함께 고민하고 울던 그는 이만도의 생가 동생이자, 이중언의 4종숙이다. 다음으로 「고종일록考終日錄」을 간추려 실었다. 이것이 권 1의 내용이다. 다음에 권 2에는 만사輓詞(김노수金魯銖・박주대朴周大 등 35인)와 뇌사誄詞(1장, 김회종金會鍾), 그리고 제문(류연박・김만식 등 32인)이 정리되었다. 장례를 치를 당시 만사를 보낸 사람들은 안동문화권에서 대표적인 인물들이다. 장례 당시 조문하러 와서 뇌사를 바친 김회종金會鍾은 의성 사촌마을 사람으로 1896년 의성의병장 김상종金象鍾의 동생이자, 그도 의병에 참가했던 인물이다. 제문은 주로 소상을 지나 대상에 참가하여 고하여 올린다. 제문을 드린 인물도 모두 안동문화권을 대표하던 사람들이고, 특히 류연박(정재 류치명 손자)・류창식(전주류씨 삼산파 종손)・이긍연(진성이씨 주촌파 종손) 등이 눈길을 끈다. 만사나 제문은 이보다 훨씬 많았다. 뒷날 다시 발견된 만사가 8점, 제문이 2점 더 있다. 이상룡이나 류인식의 것이 대표적이다. 하지만 이것도 일부분일 뿐이다. 뒷날 발견된 것은 『동은실기』에 포함되지 못했다.

「발문跋文」은 봉화의 권상익權相翊이 썼다. 그는

뒷날 이중업과 손잡고 중국 손문에게 독립청원서를 보내려고 계획할 때 그 청원서를 쓴 인물이다. 끝으로 「지識」는 4종손인 이선구가 썼다. 예안의병 당시 이중언이 진무장이자 전방장을 맡을 때, 선구는 서기를 맡아 함께 활약했었다. 그도 이중언의 가르침을 받은 인물이다.

이처럼 『동은실기』는 아들 서호가 부친의 자취를 정리한 것이다. 소상과 대상을 치른 뒤, 부친이 남긴 글과 순국의 과정을 정리하고, 생애를 간추려 책으로 엮어 놓았다. 아들로서 당연한 일이라고 말할 수도 있지만, 정신 차릴 틈도 없던 황망하던 시절에 부지런히 움직여 이루어낸 것이다.

늘어나는 후손,
어려워지는 삶

이중언을 떠나보낸 가족은 뒷수습을 마치고, 다시 감정을 추스르고 살아가야 했다. 부인인 숙인淑人 김주락金周洛과 아들 내외가 집안을 다독이며 안정을 찾아갔다. 부인은 풍산김씨豐山金氏 망와忘窩 김영조金榮祖의 후예인 김규현金奎鉉의 딸이다.

그리고 아들은 이서호李瑞鎬이며, 사위는 김만식金萬植·장사건張師建·김창경金昌景·이교인李敎仁이다.

서호와 아내 박택규朴澤珪 부부는 1남 2녀를 두었다. 부친의 순국 과정에서 외아들을 잃은 그들은 딸 원순源順·원옥源玉에 이어, 1916년 아들 원룡源龍을 낳았다. 하지만 겨우 숨 돌릴 틈을 찾을 만하던 1918년, 박씨 부인은 어린 남매를 남기고 세상을 떠났다.

첫 부인을 너무 일찍 잃고, 둘째 부인이 와서 집안을 안정시켰는데, 또 다시 아내와 사별한 것이다.

서호는 세 번째 부인을 맞았다. 서른세 살이나 어린 아내 김오규를 맞이했다. 그 사이에 원봉源鳳·원학源鶴·원구源龜 세 아들, 원희源姬·원규源珪 두 딸이 태어났다. 네 아들 이름은 용과 봉황, 학과 거북으로 이루어졌다. 장수와 강령을 기원하는 뜻을 담았으리라.

이중언이 떠난 뒤, 후손들의 삶은 점차 어려워졌다. 일제강점 시절 곁에 있던 '까치구멍집'으로 옮겨 살았다는 이야기가 바로 이러한 사정 때문이라 여겨진다. 바로 곁에 향산 이만도의 집이, 또 그 곁에 하계마을 종가인 수졸당이 있었는데, 수졸당 종가의 정자 바로 앞, 향산댁 옆에 이만도의 둘째 손자 이종흠李棕欽이 살았다. 그런데 이중언의 아들 서호가 이종흠의 집과 바꾸었다고 전해진다. 짐작하건대, 서호가 집을 줄여서 힘들어진 살림을 유지해 간 것이리라.

아들 이서호는 부친이 순국한 뒤 집안을 보전하며 지냈다. 그러나 하계마을이나 그의 집안은 결코 가만히 앉아있지 않았다. 우선 일제경찰이 하계마을에 파

이중언을 잇는 후손들

부인 풍산 金周洛(1846-1932, 金奎鉉의 딸)

아들 瑞鎬(1872-1939)

며느리 1 평해 황씨 일찍 사망, 소생 없음

며느리 2 무안 朴澤珪(1883-1918)

    손자 0 1907년생, 1910년 4세 사망

    손자 1 源龍(1916-1960) : 영양 南長壽(1916-2002)

        증손자 東日(1942-) : 영산 辛信愛(1944-) 1남 2녀

        증손자 東煥(1950-) : 장흥 高甲順(1953-) 1남 2녀

        증손자 東燮(1956-) : 전주 李銀周(1958-) 1남 1녀

        증손녀 東秀 : 나주 林炳淑, 1남 3녀

        증손녀 順姬 : 경주 李建炯 1남 1녀

    손녀 1 源順 : 무안 朴鍾斗 1남

    손녀 2 源玉 : 봉화 琴永洛 1남 1녀

며느리 3 광산 金吳圭(1905-1977)

    손자 2 源鳳(1922-) : 안동 金鎭南(1951사망), 진주 姜桂龍(1939-)

        증손자 東明(1963-) : 경주 金貞周(1963-) 2녀

        증손자 東吉(1969-) : 안동 權仁淑(1977-) 1남 2녀

        증손녀 昌善 : 영양 南時重, 2남

        증손녀 東淑 : 김해 金榮植, 1남 1녀

    손자 3 源鶴(1928-1986) : 공주 李魯淑(1929-)

        증손자 東大(1948-) 의성 金慧子(1954-) 1남 2녀

        증손자 東順 : 광산 卓熙燦, 1남 1녀

    손자 4 源龜(1932-2003) : 청주 鄭源順(1935-)

        증손자 雲東(1959-) : 안동 金貞姬(1962-) 1남 1녀

        증손자 東善(1962-) : 달성 徐楠京(1967-) 1남 1녀

        증손녀 東姬 : 연안 이의걸, 1남

    손녀 3 源姬 : 안동 權錫永 4남 4녀

    손녀 4 源珪 : 풍산 柳鉉佑 1남 5녀

● 까치구멍집

후손들은 삶이 어려워지자 곁에 있던 까치구멍집으로 옮겨 살았다.
안동댐 건설 때 안동민속박물관으로 옮겨졌다.

출소를 세우자, 마을 전체가 나서서 결사적으로 반대
하였다. 결국 이들이 파출소를 밀어내는 데 성공하였
다는 이야기가 전해진다.

　1939년 아들 서호는 만 67세로 삶을 마감했다. 생
활을 지탱할 것은 줄어들고 가족은 늘어났으니 삶은
힘들어지게 마련이다. 4남 4녀를 두었으니 가정이
야 번성하지만, 형편은 어려워질 수밖에 없었다. 광
복 이후 가족들은 새로운 길을 찾았다. 마침 이중언
의 장조카 빈호의 아내 권씨부인이 서울에 정착한 뒤

이들에게 상경을 권한 것이 계기가 되었다. 여유 있는 사위 덕분에 서울에 자리 잡은 권씨부인이 서호의 아들 원룡 내외에게 서울로 오라고 권했다. 그래서 원룡 부부와 딸 동수, 아들 동일이 1947년 서울로 삶의 터전을 옮겨 마포 도화동에 자리를 잡았다. 그리고 원룡은 전매청에 근무하기 시작했다. 그런데 또 다시 가족들에게 고난이 닥쳤다. 6·25전쟁 때문이다.

전쟁이 터지자, 원룡은 먼저 대구로 피난하고 가족은 서울에 남았다. 전쟁이 어떻게 전개될지, 얼마나 오래 끌지 아무도 알 수 없는 상태이지만, 곧 끝나서 만날 수 있으리라 생각했을 것이다. 하지만 전쟁은 생각처럼 진행되지 않았다. 서울 수복 이후에도 가족은 만날 수 없었다. 원룡은 대구에서 고향 안동으로, 또 봉화와 영덕으로 다니며 가족을 찾았지만 만날 수 없었다. 그러다가 어떻게 연락이 닿아 빈호의 부인 권씨와 손자며느리가 성환(충남 천안)에 머물고 있다는 소식을 알게 되어 그곳으로 갔다. 빈호의 작은 사위 이유창李裕昌(봉화 출신)이 천안과 성환에서 양조장을 경영하고 있어서 그곳에 근거지를 마련해 두고 있었던 때문이다. 그럴 무렵 서울 마포 도화동에 살던 가족들은 1·4 후퇴 당시 경기도 소사(부천시)로 옮겨 살고 있었다. 1953년, 전쟁이 끝난 뒤에 가서야 그토록 찾아 헤매던 가족을 만나게 되었다. 원룡이 수소문 끝에 소사에서 가족들을 찾은 것이다. 그래서 원룡은 아내와 아들딸을 데리고 천안에 정착하였다.

근거지를 마련했다고 안정된 생활이 바로 이어지지는 않았다. 원룡이 오랜 피난과 떠돌이 생활로 건강을 해쳤기 때문이다. 천안에 정착한 다음 해인 1954년, 그는 온몸이 심하게 붓기 시작했다. 생계는 아내 남장수南長壽의 몫이었다. 아내는 채소장사를 비롯하여 온갖 장사에 매달리면서 남편을 돌봐야했다.

그러다가 1960년 오랜 병고 끝에 이중언의 맏손자 원룡은 세상을 떠났다. 맏손부 남장수는 아들 동일에게 거듭거듭 '문순공 퇴계 선생'의 후예요, '정언 할배'의 대를 잇는 후손임을 일깨웠다. 아무리 힘들고 어려워도, 나라 위해 목숨을 던진 큰 어른의 후예라는 사실을, 그것도 주손이라는 점을 잊지 말고, 바르고 당당하게 자라기를 당부했다. 자신에게 거는 기대와 격려에 동일은 어린 시절부터 앞만 바라보고 성장했다. 월사금(등록금)을 제대로 낼 수 없는 형편이 었고, 고학으로 버텨나갔다. 반듯하고도 성실한 그의 자세를 보고 교사들과 친구의 부모들이 많은 도움을 주기도 했다. 늦게 중고등학교를 졸업하고, 바로 군 생활을 시작하여 백마부대에 속해 베트남에 파병되고, 돌아와 공병학교 교관, 육군본부 근무를 거치며 군 생활을 이어갔다. 그러는 동안 대학과 대학원을 마쳐 석사학위를 받기도 했다. 이중언의 증손자가 이처럼 다시 일어나고 있었던 것이다.

이들이 천안에서 살아가는 동안 안동과 이어지는 고리가 없었다. 증손자 동일은 자신이 안동 사람이라고 생각하지는 않았을 것이다. 그저 막연히 퇴계 후손이요, 이중언의 증손자라는 점은 어머니의 가르침으로 알고 있지만, 안동 사람의 색깔과 향기는 스스로도 떠올려 볼 수 없기 때문이다. 그러니 이중언이라는 인물을 다시 역사의 무대로 되살려 놓는 일은 아직 멀고 먼 일이었다.

그토록 어렵게 살던 증손자가 조상 소식을 듣게
된 것은 건국훈장을 받게 되었다는 사실이다. 1949
년에 건국공로훈장에 관한 법령이 정해지고 첫 포상
이 있었지만, 이승만과 측근 인물 몇몇에만 국한되었
다. 사실상 처음으로 많은 인물이 포상된 것은 1962
년과 이듬 해였다. 이중언은 1962년에 건국공로훈장
단장에 서훈되었다. 당시 건국공로훈장은 중장重章
·복장複章·단장單章 등 3등급이었다. 1967년에 상
훈법이 고쳐지면서, 이름이 바뀌었다. 중장은 대한민
국장, 복장은 대통령장, 단장은 국민장이다. 1990년
에 다시 상훈법이 바뀌면서 국민장은 독립장이 되고,
그 아래로 애국장·애족장이 새로 만들어졌다. 따라

서 이중언에 대한 훈격은 건국훈장 독립장으로 고쳐졌다.

이중언이란 인물이 다시 역사 무대에 등장한 것은 오로지 증손자 이동일의 노력 때문이다. 베트남전을 다녀와 1969년 공병학교 교관이던 시절, 이동일은 신문을 보다가 깜짝 놀랐다. 고향 하계마을이 물에 잠기게 된다는 기막힌 소식이었다. 안동댐이 건설되는 바람에 고향마을이 수몰된다는 것이다. 비록 몸은 떠나 살아 왔지만, 머릿속에는 늘 고향마을과 선대의 묘소 걱정을 갖고 있던 터였다. 안동댐 건설로 증조부의 묘소가 물에 잠길 수 있다는 생각이 들자마자, 그는 묘소를 옮겨야 한다고 판단했다. 그러자면 절차와 방법을 알아야 했다.

증손자는 대한민국순국선열유족회와 광복회, 원호처(현 국가보훈처)에 가보았다. 남들이 어떻게 이장하고 또 기념사업을 펼치는지 눈여겨보기 위함이다. 그래서 먼저 원호처와 국방부에 공문을 내고, 마침내 국립묘지 안장을 승인 받았다. 그런데 돈이 필요했다. 가진 것은 결혼하기 위해 준비한 돈 뿐이니, 고민 끝에 약속한 결혼식을 뒤로 미루었다. 조상이 먼저라는 생각이 앞선 것이다. 1970년 10월 그 돈으로 증조부를 서울 국립묘지로 옮길 수 있었다. 결혼은 1년을 미루어 이듬 해 11월에 가서야 이루어졌다. 쉽게 선택할 일이 아님은 분명하다.

돈이 있다고 묘지 이장이 쉬운 것만은 아니다. 문중에서 반대하는 목소리가 높았기 때문이다. 나갔던 사람도 고향으로 돌아와 묻히는 것이 일반적인 일인 터라, 문중의 반대 여론이 적지 않았다. 이를 이겨내며 증손자는 밀고 나갔다. 안동 KBS와 안동 MBC 방송국에 '순국선열 이중언선생 묘소 천장遷葬'을 알리는 보도문을 보냈고, 이를 들은 기관장들이 대거 참석하였다. 천장식은 성황을 이루었다. 근처에 있는 도산초등학교(교장 이근필, 퇴계 종손) 학생들이 길가에 늘어서서 행렬을 떠나보냈다.

증손자의 노력으로 이중언의 유해는 서울 동작동 국립현충원 애국지사 묘역에 자리를 잡았다. 이동일은 다음으로 증조부의 모습을 되살려 내는 일을 찾았다. 자신이 태어나기 32년 전에 순국하신 증조부요, 고향을 떠나 성장한 그가 증조부의 자취를 되살려내기란 너무 어려웠다. 그러다가 찾은 방법이 영정을

중간에 손가방을 든 사람이 맏손부 남장수, 그 왼쪽이 증손자 이동일이다.

묘소를 옮겨 국립묘지에 안장하는 모습

만드는 일이었다. 아무런 자료가 없었다. 하지만 길은 있었다. 평소 모친이 전해준 말이 귀에 쟁쟁 살아 있었기 때문이다. 증조부가 가장 아끼던 장조카 빈호의 아내 권씨부인이 늘 "동일이가 '정언 할배'를 꼭 빼닮았다고 말했으니, 동일이 사진으로 영정을 만들면 된다."고 말했던 것이다. 또 권씨부인의 맏며느리 이씨부인도 마찬가지 말을 거듭했다. 그래서 1978년 육군본부에 근무하던 이동일은 삼각지 어느 화방에 들러 증조부의 영정 제작에 들어갔다. 이중언의 모습은 증손자의 사진을 바탕으로 삼아 수묵담채화로 되살아났다.

증손자 이동일은 조상 찾기에만 매달리지 않았다. 대한민국순국선열유족회에 참가하여 나라사랑 정신을 널리 퍼트리는 일에 줄곧 기여하였다. 그러다가 2005년부터 대한민국순국선열유족회 부회장을 맡았다. 자신의 증조부만 기리는 것이 아니라 순국선열 전체를 기리는 일에 정성을 모아온 것이다. 그러면서 다시 증조부를 되살리는 작업에 나섰다. 그 열매가 2006년에 발간된 『순절지사 이중언』이다. 김희곤 외, 『순절지사 이중언』, 경인문화사, 2006.

● 『순절지사 이중언』 출판기념회
2006년 6월21일 안동 한국국학진흥원에서 열렸다. 가까운 친인척들의 모습.
앞줄 중앙이 이동일 부부.

이 책은 갈무리 해 왔던 『동은실기東隱實紀』를 기본으로 삼았다. 거기에 새로 찾아낸 자료를 덧붙였다. 앞에 생애를 정리하여 짧은 평전을 싣고, 뒤에 자료 원문과 번역문을 함께 실었다. 2006년 6월 21일 안동시 도산면 서부리에 있는 한국국학진흥원에서 출판기념회를 가졌다. 기관장과 문중대표, 광복회와 대한민국순국선열유족회를 비롯한 독립유공자 후예들이 대거 참가하여 성황을 이룬 자리에서 그의 생애가 소개되었다. 이로 말미암아 이중언의 삶과 뜻이 체계적으로 알려지게 되었다.

이중언이란 인물이 널리 알려지기 시작하면서 다음 단계의 사업이 준비되었다. 증손자는 독립기념관에 어록비를 세우려고 계획을 세웠다. 독립기념관에 신청서를 제출하고 심의 과정을 지켜보면서 준비 작업을 밀고 나갔다. 2년 동안 애를 쓴 끝에 2009년 10월 15일 마침내 어록비를 세우게 되었다. 빗돌과 받침돌은 모두 보령 오석으로 짙은 잿빛을 띠고 있다. 높이 4.9미터에 폭은 1.5미터이다. 앞면에는 순국하기 전에 남긴 「경고문」 가운데 한 구절을 적고, 뒷면에는 연대기를 간략하게 썼다.

한 치 흔들림 없이
빼앗긴 내 나라 위해
오직 이 한 목숨 던지노라

마지막으로 증손자가 추진한 기념사업은 '이달의 독립운동가' 선정이었다. 물론 후손이 원한다고 모두 이루어지는 것은 아니다. 당연히 대상자의 등급이 거

日 月 火 水 木 金 土 日 月 火 水
1 2 3 4 5 6 7 8 9 10 11

배

죽어

8 일제 침략을 경고하고 단식 순절한 선비 이종언

日	月	火	水	木	金	土	日	月	火	水	木	金	土	日	月	火
15	16	17	18	19	20	21	22	23	24	25	26	27	28	29	30	31

위해
한 목숨 던지노라
경술년의 치욕이여

● 2010년 8월 이달의 독립운동가에 선정되었다.
국가보훈처가 제작한 탁상용 달력.

오직 이 한 목숨 던지노라
빼앗긴 내 나라 위해
한 치 흔들림 없이

戊戌國恥 직후 일제에게 보낸 絶命詩에서

東隱 이종언

독립기념관에 세워진 어록비

● 어록비 제막식 기념

기에 맞아야 하고, 백주년이라거나 특정 시기와 관련
된 계기가 있어야 하고, 또 지정하려는 분야에 들어
맞아야 한다. 또 비슷한 유공자가 많으면 선정되기가
쉽지 않다. 하지만 그의 지극한 정성은 끝내 어려움
을 모두 풀어냈다. 마침내 2010년 8월, '이달의 독립
운동가'로 증조부가 선정되기에 이르렀다. 변함없는
성실성으로 일구어낸 일이다.

그를 역사무대에 되살려내는 이유

동은東隱 이중언李中彦!

퇴계가 내려다보는 마을 하계下溪, 그곳에 터를 잡은 입향조 동암 이영도, 입향조를 상징이나 하듯 버티고 선 동암東巖, 그 바위 아래에서 살다간 이중언은 그래서 스스로 호를 '동은東隱'이라 지었다. '동암바위 곁에 은거하고 살다가는 선비'라는 뜻이자, 그의 생애를 그대로 옮겨놓은 말이라는 점은 누구나 쉽게 헤아릴 만하다.

그는 격변의 시기에 이 땅에 태어나 의리를 세워 규범이 잡힌 세상을 만들려 노력했던 인물이다. 그가 살던 시기는 전통적인 규범이 지배하던 시절에서 열강 침략으로 판단의 기준이 모두 뒤바뀌는 격랑을 거치며 파국으로 치닫던 과도기였다. 따라서 그가 겪은 세월은 전통 질서 속에서 자신의 뜻을 세워나가는 기본적인 삶과, 무너지는 국가를 지탱하려 버티고 서 있던 힘겨운 날들이었다. 그는 어려서 모친을 잃고 조부 영향을 받아 자라나면서 과거시험을 준비하고, 대과에 합격하였다. 그러나 관직생활은 짧고, 더 많은 시간을 고향에서 은둔하듯 지냈다. 그 속에서 그는 네 단계에 걸쳐 중요한 일에 뛰어 들거나 앞장섰다. 첫째, 만 31세 되던 1881년 신사년, 대척사 운동을 불러일으킨 도산서원 통문 작성과 영남만인소에 앞장섰다. 둘째, 그는 1895년 명성황후 시해사건과 단발령에 항거하여 예안에서 의병봉기에 참가하여 중요한 몫을 담당하였다. 만 45-46세 되던 당시 그는 선성의진 진무장과 전방장을 맡았고, 태봉전투에도 참가하였다. 셋째, 55세가 되던 1905년에는 '을사조약'이라는 '박제순-하야시 억지합의'가 발표되자, 그는 상경하여 '다섯 역적의 목을 베소서'라는 척사 상소를 직접 올렸다. 마지막으로 1910년에 나라를 잃자 마지막 길을 가늠하다가, 족숙이요 선배인 향산 이만도가 단식을 시작하자 스스로 그 뒤를 따르기로 작정하고, 향산이 순국하던 날 단식을 시작한 끝에 그도 27일만에 순국하였다. 그의 나이 만 60세가 되던 해였다.

이를 다시 정리하자면, 그의 생애는 크게 두 시기로 나뉜다. 만 60년 일생 가운데 전반기는 학문적 성장과 과거시험 준비, 그리고 대과합격이 주류를 이루었고, 후반기는 나라가 무너지는 과정을 온 몸으로 버티면서 자신이 담당할 역사적 몫을 다하려 혼신의 힘을 쏟아 부은 나날이었다. 30대에 척사운동, 40대에 의병항쟁, 50대에 다시 척사운동, 그리고 60에 자정순국으로 그의 생애를 간략하게 표현할 수 있겠다.

당시 나라가 무너져 가던 그 시절, 민족지성이 선택한 길은 두 갈래였다. 하나는 전통을 계승하면서 나라를 붙들어 세워보려는 길이었고, 다른 하나는 새로운 문물을 받아들여 혁신적인 변화 속에 새로운 틀을 만들어 보려는 것이었다. 이중언은 바로 전자의 길을 걷다가, 나라가 무너지자마자 함께 산화해 간 민족지성 가운데 한 사람이었다. 그가 선택하고 걸은 길은 결코 정치적 목적에서 나온 행위도 아니요, 권리를 가지려거나 지키자고 나선 것도 아니었다. 그 길은 오직 대의명분과 의리에 바탕을 두었다. 무엇이 옳은 길인지, 그는 그것만 묻고 답하며 살다갔다.

증손자가 나서서 그를 다시 역사의 무대로 초대하였다. 그 뜻은 역사의 책임을 다하고 간 선조의 삶을 정리하고 이를 밝혀 이 시대의 등불로 삼으려는 데 있다. 그렇다고 증손자가 선조를 현창하는 데만 매달리지는 않았다. 철저하게 자신을 낮추었다.

대개 조상을 기념하는 일에 매달리는 사람들은 두 가지 오점을 남긴다. 조상 이름으로 자신을 높이려는 무리가 그 하나이고, 조상 띄우기를 심하게 하다가 오히려 조상을 욕보이는 무리가 다른 하나이다. 조상이 독립유공자인데 마치 자신이 공로자인양 어깨에 힘주고 살아가는 무리가 앞의 경우이고, 특별한 공이 없는 데도 불구하고 넘치는 기념비나 건물을 지어 과시하는 무리가 뒤의 경우이다. 온 나라에 이런 사람들이 많다. 체면과 염치가 없다는 말이다. 나라 위해 몸 바친 조상은 자리나 돈 때문에 그런 것이 아닌데, 후손은 명예와 실리를 찾아 여기저기 기웃거리고 일을 벌인다.

이중언의 후손은 다르다. 가난에 찌들려 고향을 떠

난 명문가의 후손, 그는 어렵게 자라면서 꺾이지도 비굴하지도 않았다. 또 국가와 정부, 사회에 손을 벌리지도 않았다. 아무리 생활이 가난하고 처절해도 나라가 무엇을 도와주길 바라지 않고, 누가 도와주지 않는다고 원망도 않으면서, 오로지 혼자 힘으로 일어났다.

주변을 돌아보면 독립운동가 후손은 망하고 친일파 후손은 잘 산다는 말이 돌고 돈다. 실제로 그런 경우가 흔하기도 하다. 그래서 독립운동가 후손들이 어려워하고, 국가가 나서서 도와주어야 한다고 흔히들 말한다. 그 말이 크게 틀리지는 않는다. 하지만, 이중언의 증손자는 그런 말을 한 마디도 내뱉지 않는다. 조상이 자랑스러울수록, 후손도 그만큼 노력해야 후손 자격이 있다고 그는 말한다. 오로지 스스로의 힘으로 어려움을 이겨내고 일어나야, 자랑스러운 조상의 후손으로서 자격이 있단다. 그래야 조상의 이름을 추하게 만들지 않고, 그 후손으로서 자존심을 간직할 수 있다는 뜻이다. 후손이 어렵다는 말을 입에 달고 다니거나, 한 푼이라도 정부의 지원을 더 받아내려고 몸부림치는 일은 모두 조상을 제대로 섬기는 것이 아니란다. 그렇다. 이기주의에 빠져, 훌륭한 조상을 오히려 욕되게 만드는 후손들은 귀담아 들어야 할 것이다.

동은 이중언, 그를 역사무대에 초대하는 이유는 나라사랑 정신이 이 시대에 절실하게 필요하기 때문이다. 개인이기주의, 문중이기주의, 집단이기주의가 온 세상을 휩쓸고 있는 지금, 체면도 염치도 없는 무리들이 넘쳐나는 지금, 제대로 된 나라사랑·겨레사랑이 어떤 것인지 그는 가르쳐 주고 있다. 그 뜻을 제대로 헤아리고 있는 후손이 있어 다행스럽다.

부록편

1

考終日錄

[부록편 1]

考終日錄

날짜/( )는 양력	내 용
7월 25일 (8월 29일)	일본이 나라를 빼앗다.
8월 6일 (9월 9일)	족질族姪 용호用鎬가 군郡에서 와서, 새로 들은 사실을 전하다. 선생이 통곡하면서 "을사년乙巳年(1905) 이후로 이렇게 살면서도 몸을 맡길 수 있는 방법이 있었지만, 종사宗社가 이러한 상황에 놓였으니 장차 어디로 돌아갈 것인가?"라고 말했다. 그리고는 곧바로 업무業務와 관련된 모든 것을 사양하여 물리치다.
8월 18일 (9월 21일)	거처하고 있는 곳의 협실夾室 안으로 들어가서는 밤마다 때때로 을사년에 올린 소초疏草를 펼쳐 읽어보곤 했다. 이때 사종숙四從叔 향산선생響山先生이 청구동靑邱洞(율리栗里)에 머물면서 음식을 끊은 채 죽음을 맹세하고 있던 상황이다. 이를 전해들은 선생은 크게 탄식하며 "향산響山 숙부의 이번 거사가 있으리라는 것을 나는 이미 입산入山하시던 날부터 예견하고 있었다."고 말하다.

8월 19일 **(9월 22일)**	서호瑞鎬에게 일러서 말하기를 "우리나라의 곡식은 금년 가을에 모두 소진되었으니, 내가 과연 그것을 먹을 수 있겠는가?"라고 했다.
8월 27일 **(9월 30일)**	집안사람들에게 "마침 위장에 병이 있으니 아침저녁으로 미음米飮을 가져오라."고 이르다.
8월 29일 **(10월 2일)**	삼종질三從姪 벽호璧鎬가 찾아와 인사를 드리니, 선생이 "내가 관직에 나아간 지 30년 세월이 흐르는 동안 아주 사소한 기여조차 하지도 못했는데, 나라 일이 이 지경에까지 이른 상황에서 하루를 사는 것이 어찌 하루의 치욕이 되지 않겠는가."라고 말하다.
9월 1일 **(10월 3일)**	아들 서호瑞鎬에게 "내가 마무리하지 못한 집안일들이 허다하게 남아있지만 나라를 위한 의리를 행해야 할 일이 있는데 어찌 사사로운 일을 할 여가가 있겠는가."라고 말하다.
9월 2일 **(10월 4일)**	장조카 빈호斌鎬에게 "너는 우리 집안 3세의 주손冑孫이니 선조의 제사에 마땅히 정성을 다해야 한다. 나는 진정 내가 할 수 있는 힘을 다했을 뿐이다. 집안이 풍족하다거나 박하다는 따위의 소리를 듣지 않도록 소 한 마리와 여섯 두락斗落의 밭을 붙여주마."고 말하다.
9월 3일 **(10월 5일)**	빈호斌鎬에게 청구동青邱洞(이만도 단식 장소-필자 주)으로 가서 진찰하라고 이르다.
9월 6일 **(10월 8일)**	서호瑞鎬에게 "증조부의 묘당廟堂에 대한 제사를 위한 경비는 간소하나마 순조롭게 조달해왔다. 그런데 지금 내가 이러한 지경에 이르렀다. 내가 죽은 뒤에라도 규범과 순서는 마땅히 그대로 이어야 할 것이며, 혹여나 벼슬 등으로 외지에 나가는 상황이 발생하더라도 결코 제사를 옮겨서 받드는 일은 없도록 해라. 너는 오로지 어려운 형편에서 제사를 받들게 되겠지만, 형편이 나아질 때를 기다렸다가 묘우廟宇를 지어서 받드는 것이 좋을 것이다."라고 이르다.

9월 8일 **(10월 10일)**	청구동에서 드디어 부음訃音이 이르자(향산 순국-필자 주), 선생은 통곡하면서 곧바로 몸을 씻고 머리를 빗은 다음 천사川沙에 있는 아버지의 사당祠堂에 가서 인사를 드리다. 서호가 견여肩輿를 타고 가시라고 요청했지만, 선생은 "내가 어찌 상처가 생기는 것을 염려해야 하겠는가?"라고 말하다. 그리고는 걸어서 강을 건너가 사당 앞에 엎드려 통곡한 다음 그 길로 임북林北(林富-필자 주)으로 향해 아버지·어머니 묘소에 나아가 공손히 절을 올리다. 그리고 조부祖父 이하 모든 사당에 두루 인사를 드리다. ○ 집안 사람들이 미음米飮을 올렸지만 선생은 이를 물리치고 "내 의지는 이미 결정되었다. 다시는 나에게 가져오지 말라."고 이르다. 숙인淑人 김씨金氏가 간곡하게 "당신의 의로운 처신에 대해 감히 망녕되이 간섭하지는 못하겠습니다. 그러나 남아서 목숨을 연명할 일가一家 사람들은 우러러 의지할 곳이 없어지게 된다는 것을 돌이켜 생각해보지 않으셨습니까? 나와 같은 쓸데없는 몸도 당신 뒤를 따르고자 합니다."라고 말하다. 선생은 "당신도 역시 노련하구려. 하시는 말씀이야 전혀 괴상할 것도 없지만, 죽은 사람을 보내고 목숨을 부지하는 책임은 오로지 당신에게 달린 일이오. 또 사소하고도 잠시면 끝날 수 있는 일이오."라고 말하다.
9월 9일 **(10월 11일)**	서호가 눈물을 흘리며 "아버지께서 식음을 전폐하신 지 이미 여러 날이 지났습니다. 소자小子가 효도를 못하고 있는데 어찌 차마 저 혼자 마시고 먹을 수 있겠습니까?"라고 여쭙다. 선생이 성난 목소리로 "너는 중업군中業君(향산의 아들-필자 주)을 보지 못했나. 이 사람이 보여주는 일을 너는 지금 하지 못하고 있다. 너는 마땅히 그것을 보고 법도로 삼아야 할 것이야. 또 너는 다른 형제가 없는 데다 니의 어머니도 살아 계시지 않다. 이러니 어찌 너의 한 몸을 생각하

지 않을 수가 있겠는가?"라고 타이르다. ○ 삼종질
三從姪 국호國鎬와 필호弼鎬가 인사를 드리니, 선생
은 "내가 나라의 변란 소식을 들은 후 곧바로 목숨
을 단번에 끊을 마음이 있었지만, 향산響山 숙부께서
침상에 누워계신 데다 30리 밖의 먼 곳이라, 자네들
이 매일 왕래하는 바람에 하는 일들이 적지 않게 방
해를 받았을 터였다. 오늘부터는 이대로 내버려두도
록 해라."고 이르다. 이어서 "우리 집안의 모든 일들
을 너희들이 두루 잘 보살펴주도록 해라. 또 서호는
어리석기 짝이 없으니 일마다 따라다니면서 도와주
거나 타일러 주도록 해라."고 당부하다. ○ 밤에 족
질族姪 강호康鎬가 틈을 내어 와서는 "향산옹響山翁
께서 한번 돌아가신 일은 비록 세상 사람들을 권장
한 대단한 일이지만, 우리 집안을 볼 때 상황이 어떤
지를 살펴보셔야 하실 것입니다. 상계上溪・하계下
溪에 살고 있는 모든 사람들의 수장首長 책임을 맡고
계시는 분입니다. 우리가 이처럼 인간으로서 도리
를 다하며 삶을 유지할 수 있도록 이끌어 주시는 분
이라는 사실을 염두에 두셔야 합니다."라고 했다. 선
생이 웃으면서 "자네가 좋은 말을 했네만 내가 오늘
이러한 상황에서 어떻게 거기까지 생각이 미칠 여유
가 있겠는가."라고 답하다.

9월 10일 **(10월 12일)**	삼종제三從弟 중홍中弘이 와서 인사를 드리다. 선생이 "어린애들을 바른 길로 이끌어 나갈 책임은 이제 자네에게 있다. 그런데 지금 살고 있는 곳이 30리나 떨어져 있어 무척 아쉬운 일이다."고 했다.
9월 11일 **(10월 13일)**	종질從姪 충호忠鎬가 다른 곳으로 나갔다가 돌아와 인사를 드리다. 선생은 "지금은 출입할 때가 아니다. 속히 돌아오도록 해라."고 이르다. 그리고 "가문의 친족들을 통솔함에 있어 화목을 도탑게 하는데 힘을 쏟도록 해라. 모든 일은 깊이 있게 생각하며 신중하

게 처리할 것이며, 좋은 일을 따르고 장점만을 취하는 자세를 갖도록 해야 할 것이다."고 했다. ○ 김응식金應植이 와서 안부를 물었으나, 선생은 "만나는 일을 고사固辭하겠다. 만나본들 역시 무슨 소득이 있겠는가."라고 말하다. ○ 김기동金基東이 와서 인사를 드리고는 "의지하고 우러러보던 분들을 한 순간에 모두 잃게 되었으니 우리 같은 후생後生들은 어찌해야 합니까?"라고 했다. 선생이 "내가 어떻게 감당할꼬. 내가 어떻게 감당할꼬."하고 말하다.

9월 12일 **(10월 14일)**	친척들과 손님 · 친구들이 매일 안부를 물으며 인사를 오다. 선생이 비로소 밖으로 나와서 눕다. ○ 김도현金道鉉이 오자 선생이 "자네가 나의 죽음을 바라지 않아 오늘 이렇게 만나보러 왔는가?"고 말하고, 또 "골짜기 험한 길을 곧장 돌아가는 일도 쉽지 않으니 자네는 여기서 묵도록 하게."라고 이르다.
9월 13일 **(10월 15일)**	언구彥求에게 "각촌各村의 부로父老들이 내왕來往하는 여러 날 동안 점심식사를 대접하지 못한 것은 대단히 미안한 일이다. 너는 집안의 사람들과 의논하여 어떤 조치라도 취하라."고 이르다.
9월 14일 **(10월 16일)**	순사巡査 권대균權大均이 조사하러 와서는 차고 있던 칼을 풀고 모자를 벗다. 대개 극도로 공경하는 예법禮法으로 그렇게 한다고 했다.
9월 15일 **(10월 17일)**	아들과 조카들에게 "우리 집안은 대대로 본래부터 깨끗하면서도 가난했기 때문에 스스로 목숨을 끊는 사람에게 베풀 정을 가질 여유가 없다. 그러니 내 관棺은 옷 칠한 것을 사용하지 말 것이며 갖추어야 하는 모든 의식도 간략하게 하되 가능한 한 장례를 빨리 치르도록 해라."고 지시하다. ○ 김건락金健洛이 오자, 선생은 손잡고 목메어 울면서 "우리 외가外家에 가족이 없은 지가 50여년이나 되었다가 비로소

	후사後嗣를 세우게 되었습니다. 거기다 약간의 돈과 몇 마지기의 밭을 고생 끝에 마련하여 제대로 모습을 갖춘 가문家門을 기대해 볼 수 있게 되었습니다. 그렇지만 지금은 외가外家를 돌보아줄 수 있는 힘이 미칠 수가 없게 되었습니다. 내 마음을 아는 사람은 숙시叔侍께서 이 일을 맡으셔서 나의 이 마음이 외롭지 않도록 해주시기 바랍니다."고 당부하다.
9월 16일 **(10월 18일)**	시자侍者에게 "내가 오늘은 정신이 안정되고 비어 한 점의 티끌 같은 근심도 없으니, 이러한 경지가 바로 어린아이의 마음이 아니겠는가."라고 말하다.
9월 17일 **(10월 19일)**	이성희李聖熙가 아들 교인敎仁(넷째 사위)을 데리고 와서 인사를 드리다. 선생이 "이번 일을 돌이켜보면 속죄하기도 어려운 생명이 여러 사람들을 대단히 번거롭게 하고 있습니다. 영인令人에게도 부끄러울 따름입니다."라고 말하다. ○ 맏사위 김만식金萬植이 인사를 드리다.
9월 18일 **(10월 20일)**	김석림金碩林이 아들 창경昌璟(셋째 사위)을 데리고 와서 인사드리다. 김석림이 "공公이 의로움을 좋아하는 것에 대해 일찍부터 감복해 왔지만 오늘과 같은 거사는 더욱 우리 동방의 일관된 맥을 기댈 수 있는 곳이 있도록 하는 것이 아니겠습니까?"라고 말하니, 선생이 손을 저어 그치게 한 다음 "형도 역시 이런 부질없는 소리를 하십니까?"라고 말하다.
9월 19일 **(10월 21일)**	족손族孫 선구善求에게 일러서 "어제 밤에 내가 지은 시가 있다."고 말하고는 "가슴에 품은 칼날 같은 마음/ 그 누가 이를 풀어 줄 수 있으랴./ 하늘마저 이미 끝나고 말았으니/ 죽지 않고서 또 무엇을 할까./ 내가 죽지 않고 있으니/ 향산옹響山翁이 빨리 오라 재촉하네."라는 술회사를 읊었다. 또 말하기를 "내가 죽었다는 소식은 널리 알리지 않도록 해라."고

	하고는 관槨을 준비하라 지시했다. ○ 밤에 김만식金萬植이 묻기를 "선생님은 평소에 혹 표시를 위한 호號가 없었습니까?"라고 하니, 선생이 웃으면서 "내가 어찌 감히 그렇게 하겠는가. 일찍이 어떤 사람이 나에게 '청은淸隱'이라 지어주기는 했지만, 이는 분명 남의 웃음거리가 되는 일이지"라고 말하다.
9월 20일 **(10월 22일)**	천전川前의 김씨金氏 집안에 시집간 딸이 와서 인사를 드리면서 눈물을 쏟자, 선생이 미소를 지으면서 "나를 본들 무슨 소득이 있겠는가."라고 말하다. ○ 둘째 사위 장사건張師建이 와서 인사드리다.
9월 21일 **(10월 23일)**	선구善求·벽호璧鎬에게 "너희들은 모두 동쪽과 남쪽에 멀리 떨어져 살고 있다. 이로 인해 뿔뿔이 흐트러진 실이나 다를 바가 없다. 달포가 지나도 돌아오지 못했으니 마음속에 민망함이 있게 된 것이 무엇 때문인지 돌이켜 보도록 해라."고 타이르다. ○ 김세락金世洛이 오다. 선생이 "험난하고도 먼 길을 마다 않고 건너오시니 그 뜻에 감복할 따름입니다."고 말하니, 세락世洛은 "우리가 평소 존경하고 복종한 것이 깊지 않았습니까. 그런데 형은 과연 이같이 높고도 뛰어난 일을 하십니다."라고 말하다. 선생은 눈을 지그시 감고 응답하지 않다. ○ 족제族弟 중균中均이 와서 인사드리다. 선생이 "자네는 여든 살의 나이에다 허리까지 굽은 아버지를 모시고 있어 잠시라도 자리를 비우는 일이 쉽지 않을 텐데 이렇게 왕래가 잦아서야 되겠는가?"라고 말하다.
9월 22일 **(10월 24일)**	김진사金進士 석壎이 와서 "영원히 이별을 할 즈음인데 혹여 은혜로운 한 마디 말씀이라도 해주지 않겠나?"라고 말하니, 선생은 "우리는 함께 늙어왔는데 지하地下에서 만날 날도 어찌 그리 멀겠는가?"라고 답하다.

9월 23일 **(10월 25일)**	시자侍者에게 "어제 밤에 향산響山 숙부와 백동서당柘洞書堂에서 만났는데, 서로가 대단히 반가워하다가 잠에서 깨고 말았다. 앞으로 기약할 날도 멀지 않은 것 같구나!"라고 말하다. ○ 아침나절 뒤에 목이 막히는 증세가 나타나 말을 할 수가 없게 되다. 삼종형三從兄 이부공吏部公(중두中斗)이 오자, 선생은 눈으로만 쳐다보다 한참 지난 뒤에 손으로 바닥에다 "이러한 추한 광경을 오랫동안 보실 필요가 없습니다. 형님께서 처소處所로 돌아가시기 바랄 뿐입니다."고 쓰고는 눈물을 머금다.
9월 24일 **(10월 26일)**	각촌各村의 노인들이 한꺼번에 도착하다. 선생이 "산이 가로막고 물이 가로막는 것도 개의치 않고 이렇게 자주 와주시니 오히려 불안할 따름입니다."라고 했다. 족형族兄 중직中稙(이유사 조부-필자 주)이 "자네가 정신이 맑지는 않겠지만 다시 자네가 하는 말을 듣기 위해서 왔네."라고 했다. 선생이 시자侍者에게 부축해 일으켜 앉히도록 하고는 앉은 자세로 서로 대화를 나누는데 조금도 피곤해 힘들어하는 모습이 아니었다. 족조族祖 휘용彙容이 "종방從傍이 모여 대화를 나누는 것은 비록 아름다운 일이기는 하지만 피해가 가지는 않겠는가?"라고 물으니, 선생이 웃으면서 "이득도 많고 피해도 많습니다."고 답하다. ○ 저녁때가 되자 시자侍者가 외인外人을 만나는 일을 조금 사양할 것을 청하니 선생은 "죽을 사람과 살아있을 사람들이 단 한번 작별하는 일을 어떻게 그칠 수가 있겠는가?"라고 말하며 일일이 응접했다. 이 때 선생은 이미 생기를 잃어가는 상태에 이르렀고 얼마 지나지 않아 두건을 벗고 버선을 풀었다.
9월 25일 **(10월 27일)**	다시 목이 막히는 증세가 찾아왔다. 진찰하는 사람도 서로 대화를 주고받을 수가 없어, 손으로 써서 보이며 "다른 사람의 말은 들을 수 있는데 내가 말을

	할 수 없으니 민망하기 짝이 없는 일이다."고 말하다. ○ 김노헌金魯憲이 와서 손잡고 "독한 사람일세. 어떻게 이런 고통을 자초한다는 말인가?"라고 말하니, 선생은 다만 가슴을 어루만질 뿐이다.
9월 26일 **(10월 28일)**	4살짜리 손자가 이때 공교롭게도 요절하는 비운을 겪다. 선생은 며느리 박씨朴氏를 불러 위로하며 당부하기를 "이미 엎질러진 물이다. 잊어버리는 것이 최선의 방책이다."고 말하다. ○ 처남 김원락金元洛이 와서 인사드리다. ○ 사종숙四從叔 만규晩煃가 매일 밤이 깊은 뒤에 와서는 손을 잡고 흐느껴 울면서 "오늘의 처지로 볼 때 자네나 나나 의리義理는 하나일세. 그런데 자네는 지금 강상綱常을 지탱하기 위해 죽으려 하는데 나만 살아있다면 오로지 부끄럽지 않겠는가?"라고 했다. 선생이 "숙시叔侍께서는 가문을 계승해야 하는데 진정 그것을 대신할 사람이 없습니다. 그리고 돌아가실 날도 여유가 있지 않습니까? 다행스럽게도 더욱 스스로에 대한 애착을 더하고 있으니, 중숙공仲叔公의 유탁遺託에 부담도 없을 줄로 압니다."라고 말하다 그리고는 주랑산방疇眼山房에서 함께 독서할 때 겪은 고통과 성균관成均館에서 함께 머물며 지낼 때의 일을 떠올렸다. 만규晩煃가 "어떤 정력精力이 있어 이토록 기억이 또렷할 수 있나?"라고 말하다.
9월 27일 **(10월 29일)**	국호國鎬에게 "나는 일찍이 계서溪西 숙부(이만송李晩松-필자 주)에게서 학문을 배웠지만 가르쳐 인도해주신 은혜에 하나라도 보답할 만한 일을 이루지 못했다. 그러니 장차 저승에 돌아가 어떻게 제대로 인사를 드릴 수 있겠나? 숙부께서는 순수한 덕을 실행하신 분이지만 끝내 세상에 그것을 드러내 보일 수 없었다. 반드시 이룰 수 있는 이치는 너에게 달려있다. 너는 힘을 다해 노력하도록 해라."고 당부하다.

9월 28일 **(10월 30일)**	폐에서 화기火氣가 치솟아 올르다. 강호康鎬가 "목과는 곡식이 아닙니다. 목을 적실 수 있을 것입니다"하니 선생이 말하기를 "우물가의 오얏(井上李)은 귀로 듣게 하고 눈으로 보게 하는 것이니 이 또한 먹을 필요가 없다"고 거부하다. ○ 밤에 중업中業에게 "내 아이(서호-필자 주)는 듣고 본 것이 이미 적은 데다 의지나 사려 또한 깊지 않다. 자네가 일마다 지도해 주면 다행이겠네."라고 당부하다.
9월 29일 **(10월 31일)**	벽호璧鎬에게 "양진암養眞庵은 숙증조叔曾祖가 지은 것으로 초초암공草草菴公이 그것을 이어받았지만, 지금은 담장이 무너지고 기와가 샐 우려가 있다. 지난해 나의 친구 김응식金應植이 계를 조직할 논의를 하자고 제안함에 따라 우선 사림士林들에게서 물질적인 도움을 조금이나마 얻게 되었다. 사정이 이런데 하물며 우리의 처지는 어떤가? 일이 필경 크게 잘못될까 심히 한탄스러울 뿐이다."고 이르다. ○ 밤에 빈호를 시켜 손의 맥을 살펴보도록 하면서 "하나의 기氣 모였다가 흩어져서는 사라져 버리니 걱정이로구나."라고 말하다.
9월 30일 **(11월 1일)**	아침에 며느리를 불러 "예로부터 바깥에서 아름다운 일을 성취한 사람들은 내조內助가 많았던 때문이다. 내 아이는 성격이 편벽된 면이 있으니 무릇 일을 할 때는 곳곳 마다 서로 도와 처리하도록 해라."고 이르다. ○ 빈호斌鎬에게 "우리 집안은 본래부터 혈육이 귀한 편이다. 또 내가 있지 않게 된다면 거느려 이끌 책임은 오로지 너에게 있게 된다. 무릇 크든 작든 집안일은 모두 서호와 함께 서로 의논을 해서 처리하여 후회가 없도록 하기 바란다."고 당부하다. 또 "벽에 걸린 시렁 위에 다소의 서적이 있는데 당연히 조심스럽게 간직해야 한다. 그리고 어느 책 가운데 내가 끼워 넣어 둔 것이 있으니, 다른 날 너는 그것을 살펴보도록 해라."고 이르다.

10월 1일 **(11월 2일)**	빈호에게 "나는 음기陰氣보다 양기陽氣가 강하여 항상 일을 처리할 때에는 표범과 같이 공격적으로 밀어붙이는 경향이 있다. 그래서 비록 화를 크게 내는 경우에도 그것을 제어하기 어려울 때에는 다른 사람의 말을 즐겨 들었는데, 나이가 적다고 하여 소홀히 받아들이지는 않았다. 서호瑞鎬는 오로지 관용과 인내가 결핍되어 있어 사람을 만나 말을 할 때 종종 흥분하여 성난 기색을 드러내곤 하는데, 이는 실로 적은 병이 아니다. 또 힘에 겨운 엄청난 큰일에 직면해서도 매사에 자주 마음을 바꾸는 바람에 적절한 조치를 하지 못하는 경우도 있으니, 너는 항상 옆에 따라다니면서 가르쳐서 깨우쳐주어야 할 것이다."고 말하다. ○ 저녁이 되자 기운이 급속하게 가라앉는 상황으로 바뀌다. 부인 숙인淑人이 집안사람들을 거느리고 들어가 인사를 드리니, 선생이 눈을 떠서 주위를 둘러보고서는 곧로 물러가라 이르다.
10월 2일 **(11월 3일)**	사종손四從孫 원진源進에게 "너는 시류時流에 휩쓸리지 말고 오로지 독서에 더욱 힘을 쏟아야 할 것이다."고 이르다. ○ 외숙 김언락金彦洛(외가의 손이 끊긴 것을 안타깝게 여겨 선생이 나서서 입양시킨 나이 어린 외숙-필자 주)이 와서 머물자, 선생이 추운 날씨에 헐벗고 지내는 것을 염려하여 옷을 입혀주라고 지시하다.
10월 3일 **(11월 4일)**	족질族姪 동호同鎬와 두호斗鎬에게 "너희들 역시 혈기왕성하게 활동하는 인물들이 아니다. 공부할 때에는 어떻게 두루 근면하게 하는지를 와서 보이도록 해라."고 이르다.
10월 4일 **(11월 5일)**	순사巡査와 위원委員 3, 4명이 와서 밖에서 시자侍者를 불러 유인하며 말하기를 "대인大人과 같이 곧고 충성스러우며 굳세고 위엄이 있는 사람이 후진을 위한 교육에 힘을 쏟았다면 어찌 한국韓國의 오늘과 같은 상황이 있게 될 것을 우려했겠는가? 그런데도

단지 한번 죽음으로써 나라의 은혜에 보답하고 일신
一身의 깨끗함을 추구하는 길로 가려는 것은 대단히
잘못된 판단이 아닐 수 없다. 빨리 들어가서 미음米
飮을 권하도록 하라."고 요구하다. 시자侍者가 "이미
어떻게 할 수도 없는 상황에 도달했다."고 답하다.
일본인 순사가 "우리나라에는 간혹 물로 생명을 연
장한 사람들도 있다. 혹시 모르는 일이니 이 방법을
시도해 보라."고 말하면서 온갖 공갈을 일삼다. 선생
이 이 소리를 듣고 서호에게 일러 "어서 빨리 저들
을 쫓아내지 않는 자는 내가 당장 칼로 베어 죽이겠
다."고 말하다. 그러자 그들이 드디어 물러가다. ○
저녁나절이 되자 시자侍者에게 두건과 옷매무새를
정돈하고 바로 눕히라고 지시하다. 그리고는 편안한
자세로 숨을 거두다. 이때가 유시酉時였다. ○ 밤에
염습에 사용할 심의深衣와 대대大帶를 준비하다.

10월 5일 **(11월 6일)**	빈호殯鎬가 시렁 위에 있는 책을 꺼내 봉서封書 한 통을 찾아내다. 봉서 겉면에 단지 '봉封'이라는 글자만 쓰여 있고, 그 안에 쪽지 3개가 있다. 하나를 열어서 보니 경고문警告文이고, 끝 부분에 '동은東隱'이라 적혀 있다. 단식을 시작한 다음날 쓴 것이다. ○ 낮에 소렴小斂하다. 원근遠近에서 조문한 사람은 백여 명이다.
10월 6일 **(11월 7일)**	대렴大斂하다.
10월 7일 **(11월 8일)**	성복成服하다.
10월 20일 **(11월 21일)**	임북곡林北谷(林富谷) 부친 첨추공僉樞公 묘소 좌측 병좌丙坐에 장사지내다. 법도에 따른 달을 기다리지 말라는 뜻을 지켜 실행한 것이다.

2

『동은실기東隱實紀』의
내용과 가치

| 부록편 2 |

『동은실기東隱實紀』의
내용과 가치

이 글은 『순절지사 이중언』(김희곤 외, 경인문화사, 2006)에 실렸던
설석규 교수(경북대 사학과)의 원고를 고친 것이다.

　『동은실기東隱實紀』는 일제강점에 단식으로 저항
하다 순절한 이중언(1850-1910)이 남긴 유고집이다.
여기에는 그가 직접 지은 저술을 비롯해 그의 행적에
관한 기록과 그를 추모한 사람들의 제문祭文과 만사
輓詞 등이 포함되어 있다. 이 책은 부록을 포함해 2
권 1책으로 간행된 목판본木板本으로, 서문序文과 발
문跋文을 포함해 모두 82장으로 구성되어 있다. 목판
의 한쪽인 반광半匡은 22.0cm(세로) × 17.7cm(가
로)이며, 4주쌍변四周雙邊에 각 줄마다 계선界線을 갖
춘 판형에 10행行 21자字, 곧 한 줄마다 21자씩 새
겼다. 그리고 판 중간에 있는 판심板心에는 아래위에

서 안쪽을 향한 네 잎 무늬(사엽화문四葉花紋)의 어미
魚尾 안쪽에 '동은실기東隱實紀'라는 판심제板心題를
비롯하여, 권의 순서인 권차卷次와 쪽수에 해당하는
장차張次가 새겨져 있다. 그러니 목판본 문집의 전형
을 따르고 있음을 볼 수 있다. 하지만 이 실기를 간
행한 목판이 전해지지 않아 무척 아쉽다.

『동은실기』 목판본이 정확하게 언제 어디에서 간

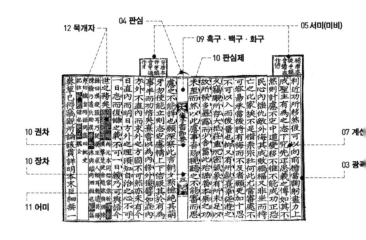

● 고서의 판식 명칭

행되었는지에 대한 구체적인 전말을 기록한 내용은 남아있지 않다. 하지만 서문을 쓴 이가 서파西坡 류필영柳必永(1842-1924)과 농산聾山 장승택張升澤(1838-1916)이고, 발문跋文을 그의 4종손四從孫인 이선구李善求(1856-1922)가 쓴 사실에 비추어 보면, 이 실기實紀는 1910년대 후반 사림의 공론을 토대로 발간되었음을 알 수 있다. 일제의 강점을 받아들이지 않고 순절한 그의 항일정신이 독립의식을 고취하는 데 귀감이 되기에 충분하다고 안동선비들이 판단했을 터였다. 따라서 이 실기는 안동을 비롯한 영남지역 사림들이 3·1운동을 비롯한 각종 항일투쟁을 펼쳐 나가는 데 적지 않은 영향을 끼친 것으로 판단해 볼 수 있다.

동은 이중언은 평소 조화와 융합의 현실대응 자세를 지향하는 학문체계를 수립하면서도 국가와 사회의 안위安慰를 위협하는 불의에 대하여는 단호하게 대처한 가문의 전통을 계승하고 있었다. 이러한 가문의 전통은 여러 대에 걸쳐 형성되었다. 고려시대 홍건적 토벌의 공로를 세웠으나 나라가 망하자 관직을 버리고 은둔했던 이자수李子脩를 비롯해, 계유정난癸

癸靖難이 일어나던 해 진사에 합격했으나 단종이 수양대군에 의해 왕위를 찬탈당한 것을 계기로 관직진출을 포기하고 집 앞에 노송老松을 심어서는 역경에 굽히지 않고 절개를 지키려는 의지를 다졌던 이계양李繼陽, 명종대 권간權奸 윤원형尹元衡의 동방회同榜會 결성 제의를 거부하고 척신정권戚臣政權의 파행에 비판적 자세를 견지하면서 학문의 최고봉을 이룩한 이황李滉, 임진왜란 당시 공을 세웠을 뿐만 아니라 광해군대 대북정권大北政權의 독점적 정국운영에 항의하며 관직을 버렸던 이영도李詠道 등으로 이어진, 한 줄기 강렬한 전통의 빛이었다.

따라서 그가 관직에 나아가서는 언관言官으로서 현실모순을 신랄하게 비판하며 각종 대안을 제시했을 뿐만 아니라, 일제의 침략이 본격화하자 죽음을 무릅쓰고 저항하는 실천적 면모를 보이게 되는 것도 전혀 우연이 아니라고 하겠다. 그는 1895년 명성황후 시해와 단발령斷髮令에 항의하여 일어난 을미의병乙未義兵에 주도적으로 참여함과 아울러, 1905년 '박제순-하야시 억지합의'(을사조약·을사늑약)가 있게 되자 직접 궁궐에 나아가 5적을 처단하라고 주장하는 상소를 올리기도 했다. 이러한 그의 행보가 급기야 1910년 일제가 한국을 강점한 사건을 계기로 삼아 단식을 결행하여 순국殉國의 길을 걷게 되는 계기를 맞았다. 그렇기 때문에 『동은실기』는 일제의 침략에 끝까지 항거했던 그의 이러한 참모습을 확연하게 보여주고 있을 뿐만 아니라, 평소 그의 모습을 흠모하면서 의거에 찬사를 보내는 사람들의 애절하면서도 통절한 심정이 농축되어 있다.

『동은실기』 내용은 두 부분으로 나뉜다. 하나는 동은東隱 이중언李中彦이 직접 저술한 글 가운데 남은 것이고, 다른 하나는 그의 행록과 함께 추모의 글을 모은 부록附錄이다. 먼저 유고에는 「청참5적소請斬五賊疏」를 비롯해 「경고문警告文」·「술회사述懷辭」가 실려 있다.

「청참5적소」는 이중언이 올린 상소문이다. 1905년 일제의 한국 외교권 박탈을 골자로 한 조약이 강제로 체결되었다는 소식을 전해들은 이중언은 직접 궁궐로 나아가 이완용李完用·권중현權重顯·이지용李址鎔·이근택李根澤·박제순朴齊純 등 다섯 역적을 처단하라고 요구하며 황제에게 올렸다. 여기에 동행한 인물이 평소 가장 가깝게 지낸 장조카 이빈호李斌鎬였다. 이중언은 이 상소에서 일본은 승냥이나 이리 떼와 다를 바가 없는 무리이자 우리나라의 전통적인 원수이기 때문에 결코 상종할 수 없는 존재라는 점을 강조했다. 그러면서 황제의 죄인이자 조종의 죄인이며 천하 만고의 죄인인 다섯 역적의 목을 베어 장대가 마른나무가 될 때까지 걸어둠으로써 다시는 사람을 속이고 나라를 팔아먹는 난신적자亂臣賊子가 나타날 수 없도록 하는 표본으로 삼아야 한다고 주장했다. 이와 함께 그는 하루속히 각국의 공관에 공문을 보내 만국의 공법公法을 무시하고 협박으로 맺은 거짓 조약들은 마땅히 폐기대상이 되어야 한다는 점을 널리 알려, 일본이 더 이상 국제사회에서 속임수와 농간을 부릴 수 없도록 원천적으로 차단하라는 방안을 제시하기도 했다. 이 상소가 황제에게 봉입捧入되기는 했지만, 비답批答이 내려지지는 않았다.

「경고문警告文」은 1910년 7월 25일(양 8.29) 일제가 한국을 강점한 것을 계기로 미음米飮으로만 연명하던 이중언이 9월 8일(양 10.10) 족숙族叔인 향산響山 이만도李晚燾가 단식으로 순국했다는 소식을 전해

듣고 다음날 본격적인 단식에 돌입하면서 지은 글이다. 여기서 그는 짐승 같은 무리들의 위협을 받고 있는 상황에서 선택할 수 있는 유일한 길은 의리뿐이라는 점을 강조하면서, 이만도에 이어 자신도 나라를 위해 스스로 목숨을 포기하여 의리를 지킴으로써 우리 동포가 모두 여기에 매진하여 일제의 강점을 용납하지 않도록 하는 초석이 되겠다는 희망을 표명했다.

「술회사述懷辭」는 이중언이 1910년 9월 19일 단식 중 집안 조카 이선구李善求에게 자신이 담길 관을 준비하라고 이르면서, 지난밤에 지은 시라면서 읊어준 것이다. 가슴 속에 품은 한을 풀지 못하고 절망적인 상황에서 선택할 수 있는 길은 오로지 죽음뿐임을 재차 강조하면서 향산 이만도가 손짓해 부른다면서 자신의 죽음이 눈앞에 다가왔음을 알리고 있다.

한편 부록에는 권1 유고遺稿에 이어 「가장家狀」·「행장行狀」·「유사후지遺事後識」·「장록후지狀錄後識」·「전傳」·「묘갈명墓碣銘」·「고종일록考終日錄」 등 이중언의 행적에 관한 글들이 담겨져 있으며, 권卷 2에는 「만사輓詞」·「뇌문誄文」·「제문祭文」 등 그를 추모하는 사람들의 글들이 실려 있다.

먼저 「가장」은 이만도의 아들 이중업李中業(1863-1921)이 지은 것으로, 동은東隱의 가계家系에서부터 시작해 그가 태어나서 사망할 때까지의 생애와 함께 품성稟性 등에 대해 자세하게 기록되어 있다. 이에 따르면 이중언은 체격이 보통사람과 다를 바가 없었으나 몸 전체가 철색鐵色을 띠어 단단하고 굳센 외형을 유지하고 있었다고 한다. 그럼에도 그의 천부적인 성품은 자애롭고 진솔하여 온유溫柔한 가운데 항심恒心을 유지한 것으로 평가되었다. 그리하여 그는 언론言論이 준격峻激한 사람에게는 관대하면서도 공평하게 대응했고, 사나운 기색을 보이는 사람에게도 돈독한 자세로 스스로 깨우치게 만들어 화목한 분위기를 이끌어냈던 것이다. 그렇지만 그는 일을 처리할 때나 처신에 있어서만큼은 의義·리利·공公·사私의 분별을 분명히 하여, 맺고 끊는 것이 칼로 물건을 자르듯이 명쾌하면서도 신속했다고 한다. 이중업은 이 글을 쓰게 된 배경에 대해 이중언의 아들 이서호李瑞鎬가 간곡하게 부탁함에 따른 것이라 밝히면서, 자신도 순절한 아버지를 모신 같은 처지이므로, 동병상린同病相憐의 심정을 충분히 담고자 노력했음을 강조했다.

「행장」은 이서호의 요청을 받고 김소락金紹絡 (1851-1929)이 1915년 이중업이 지은 「가장家狀」의 내용과 자신이 직접 경험한 사실들을 토대로 작성한 것이다. 특히 그는 여기에서 단식 중이던 이중언을 찾아가 "향산響山보다 황제의 은총을 받은 것이 적었으니 단식을 중단해야 한다."고 주장했다가, "부인의 수절守節 여부도 남편 은공의 차이에 따라 결정되는가."라는 반문에 망연자실했던 기억을 되살리기도 했다. 그러면서 김소락은 이중언이 강직하면서도 예리한 자세를 유지하고 있었지만, 내면에는 인자하면서도 포용적인 복합적 면모를 갖추고 있었다고 전제하면서, 고귀한 신분에도 불구하고 관용과 포용을 베풀고 무모할 정도의 용기를 간직했으면서도 겸손과 공경으로 일관했던 풍모를 회고했다.

「유사후지遺事後識」는 「가장」을 읽고 감회를 적은 것으로, 최정우崔正愚가 지었다. 먼저 이중언의 유사遺事를 읽으면서 비분강개한 마음에 눈물이 쏟아지는 것을 깨닫지 못했던 사실을 말했다. 최정우는 지난날 이중언을 만났을 때 소나무와 같이 곧고 계수나

무처럼 엄정한 성품을 갖고 있음을 알았지만, 순국殉
國과 같은 두드러진 일을 성취할 줄은 미처 생각하지
못했음을 솔직하게 고백했다. 그러면서 이만도와 함
께 가문의 쌍절雙節을 이룩한 쾌거에 존경심을 아울
러 나타냈다.

「장록후지狀錄後識」는 이중은의 지우知友인 곽도郭
鋾가 이서호의 요청으로 지은 것이다. 이 글은 이중
언이 이만도와 함께 그것을 토대로 절의節義를 사람
들에게 심어줌으로써 나라가 망할 즈음에 근원을 깊
게 하고 기강을 바로 세우는 데 크게 기여했다는 점
을 내세웠다. 그러한 바탕에는 퇴계 이황이 도학道學
의 심법心法으로 우리나라의 영원한 인문人文을 열어
후세의 사람들에게 영향이 뿌리로 작용했다고 이 글
은 표현했다.

「전傳」은 이중언의 인품과 주요 행적에 대해 기록
한 것으로, 조긍섭曺兢燮이 지었다. 그가 백형伯兄이
과거시험에 낙방하자 자신의 전택田宅을 양보한 사
실과, 대가 끊긴 외가에 후손을 들여 생업生業을 지
원해준 일, 종가宗家의 횡액橫厄을 막으려다 모욕을
당해도 후회의 기색을 보이지 않던 일 등, 두드러진

효우孝友 행적을 소개하였다. 그러면서 그의 절개節槪가 한 때의 비분강개하는 마음이나 감정에 따른 충동적인 것이 아니라, 항심恒心에서 비롯되었다는 점을 이 글은 강조하였다. 아울러 본심本心을 얻으면 자연 원한은 없어지는 법이기 때문에, 그 역시 순국을 통해 인仁을 얻었을 뿐 원한은 갖지 않았다는 확신이 이 글에 담겨 있다.

「묘갈명墓碣銘」은 이중언의 4종숙四從叔(11촌숙)인 유천柳川 이만규李晚煃(1845-1921)가 지은 것이다. 「고종일록」에 보이듯이 이만규는 이중언이 단식하는 동안, 가장 가깝게 지낸 대표적인 인물이다. 그는 이서호의 간곡한 부탁을 받고 작성하게 되었음을 밝혔다. 이서호는 아버지 이중언이 단식을 단행한지 27일 만에 순국하자 탄식해 눈물을 흘리지 않은 사람이 없었고, 만사輓詞와 뇌문誄文을 지어 통곡하는 사람들이 적지 않았으며, 행장行狀 등을 통해 그의 행적을 전하고 있음에도 불구하고 오직 묘도墓道에 묘표墓表만 없으니 묘갈명을 지어달라고 부탁하였던 것이다. 이만규는 사서와 삼경을 제대로 읽은 자들은 심법心法을 얻어 가정의 일에는 겸손하면서도 공손하고 나라의 일에는 충성과 의리를 갖추어 변란을 당했을 때 목숨을 버리는 것으로 뜻을 이루어 다른 사람의 칭송의 대상이 되기 마련이라 전제하면서, 학문으로 명성을 얻었으면서도 스스로 무릎 꿇은 모자라는 자들은 그의 의거를 통해 부끄러움을 깨달아야 할 것이라며 그의 실천적 자세를 높이 평가했다.

「고종일록考終日錄」은 동은東隱이 단식을 시작하게 되는 과정에서부터 순국에 이르기까지 그와 주위 사람들의 동향을 비롯해 대화내용 등 모든 상황들을 날짜별로 소상하게 기록한 내용이다. 이 일기는 누가 작성했는지 드러나 있지는 않지만, 정황상으로 미루어볼 때 아들 이서호李瑞鎬가 기록했을 가능성이 높아 보인다. 일기 내용은 일제에게 강점당한 1910년 7월 25일(양 8.29)부터 시작하지만, 실질적으로는 이중언이 강점이 기정사실로 굳어진 것을 확인한 다음 모든 업무를 포기하고 죽음을 결심하게 되는 8월 6일(양 9.9)부터 시작되었다. 이만도가 단식하고 있다는 소식을, 나흘 늦은 8월 18일(양 9.21)에 듣고서는 자신도 이미 짐작하고 있던 일이라며 단식을 준비하게 되고, 8월 27일(양 9.30)부터 가족들에게 미음米飮

만을 가져오도록 일렀다. 그리고는 자신이 하던 집안 일을 정리해 나갔다. 9월 8일(양 10.10) 이만도의 별세 소식을 듣자, 이중언은 조상의 사당에 인사를 드리고는 미음마저 거부한 채 자신도 본격적인 단식에 들어갔다. 몇 차례의 고비를 넘긴 다음, 단식을 시작한 지 27일 되던 10월 4일(양 11.5)에 숨을 거두었다. 그 과정에서 친척과 지우知友들이 찾아와 단식을 만류했지만, 받아들이지 않는 대신에 평온한 자세로 대화를 나누는 초연하고 일관된 모습을 보였고, 그러한 자세가 인상적으로 그려져 있다.

「만사輓詞」는 그의 부음을 듣고 친척을 비롯한 주위 사람들이 그의 죽음을 애도하면서 지은 글들을 모은 것이다. 여기에는 김노수金魯銖·박주대朴周大·이종하李鍾夏·류필영柳必永·류연박柳淵博·신상익申相翼·김석金墍·김화영金華永·류연집柳淵楫·권상한權相翰·김장락金章洛·류광호柳廣鎬·강윤姜鈗·류회직柳晦直·금석주琴錫柱·오세영吳世泳·이희경李羲敬·권병섭權秉燮·권상익權相翊·권중하權仲夏·김병종金秉宗·이봉희李鳳羲·손후익孫厚翼 등의 사림, 족형族兄 이중곤李中錕·이중직李中稙

· 이중철李中轍, 족제族弟 이중균李中均 · 이중수李中洙 · 이후곤李厚坤, 족질族姪 이동호李東鎬 · 이동호李同鎬 · 이병조李炳祚 · 이충호李忠鎬, 족손族孫 이수춘李壽春 · 이언구李彦求 등 친척들의 글들이 수록되어 있다.

「뇌문誄文」은 이중언의 장례 때 영전에 올린 조문弔文으로, 김회종金會鍾이 지었다.

「제문祭文」은 동은東隱의 제일祭日을 맞아 영전에 올린 글이다. 여기에는 황수黃洙 · 류연박柳淵博 · 류연집柳淵楫 · 김이락金履洛 · 김서락金胥洛 · 김건락金健洛 · 김소락金紹洛 · 김세병金世秉 · 류봉희柳鳳熙 · 류치우柳致遇 · 류창식柳昌植 · 김석림金碩林 · 금용하琴鏞夏 · 김응식金應植 · 김홍락金鴻洛 · 정건모鄭建模 · 박현찬朴鉉燦 · 이성희李聖熙 · 박영택朴瑛澤 · 이재명李在明 · 박종두朴鍾斗 등 사림, 3종형三從兄 이중두李中斗, 4종숙四從叔 이만규李晩煃, 3종질三從姪 이풍호李豊鎬, 족질族姪 이의찬李宜燦 · 이강호李康鎬 · 이병호李秉鎬 · 이종대李鍾岱, 족손族孫 이긍연李兢淵 · 이선구李善求, 사위 김만식金萬植 · 장사건張師建 등 친인척들의 애절한 글들이 수록되었다.

한 마디로 줄여 말하자면, 『동은실기』는 이중언이 가진 도학자道學者로서의 평소 행보와 더불어 민족의 모순에 적극 대응하는 실천적 자세를 극명하게 보여준다. 특히 단식을 통한 그의 순국 과정을 마치 현장을 보듯이 전하고 있다. 이「고종일록」은 향산 이만도의 단식 당시의 일기인「청구일기靑邱日記」와 더불어, 나라가 무너지는 현실에서 도학자인 선비의 자세가 어떠해야 하는지를 일깨워주기에 충분한 것으로 판단된다. 이러한 점에서 이중언의 선비정신을 담은 『동은실기』는 학술적으로도 자료적 가치가 높을 뿐만 아니라 정신사적으로도 적지 않은 의미를 갖는 것으로 평가된다.

찾아보기
Index

저자소개

김희곤 金喜坤

경북대학교 사학과, 동 대학원 졸, 문학박사
Harvard University 방문학자(1996–1997)
안동대학교 사학과 교수(1988–현재)
독립기념관 한국독립운동사연구소 소장(2004–2006.8)
대한민국임시정부자료집편찬위원회 위원장(2005–현재)
안동독립운동기념관 관장(2006.10–현재)
독립기념관 제5회 학술상 수상(2009)

주요 저서

『중국관내 한국독립운동단체연구』, 지식산업사(1995)
『대한민국임시정부의 좌우합작운동』, 한울(1995, 공저)
『백범김구전집(1–12)』, 대한매일신보사(1999, 공저)
『안동의 독립운동사』, 안동시(1999)
『박상진자료집』, 독립기념관(2000)
『새로쓰는 이육사 평전』, 지영사(2000)
『안동 독립운동가 700인』, 안동시(2001)
『신돌석: 백년만의 귀향』, 푸른역사(2001)
『잊혀진 사회주의운동가 이준태』, 국학자료원(2003, 공저)
『대한민국임시정부 연구』, 지식산업사(2004)
『왕산 허위의 나라사랑과 의병전쟁』, 구미시(2005, 공저)
『조선공산당 초대 책임비서 김재봉』, 경인문화사(2006)
『안동사람들의 항일투쟁』, 지식산업사(2007)
『오미마을 사람들의 민족운동』, 지식산업사(2008, 공저)
『대한민국 임시정부』1 상해시기(한국독립운동의 역사23), 국가보훈처·
독립기념관(2008)
『제대로 본 대한민국 임시정부』, 지식산업사(2009, 공저)
『만주벌 호랑이 김동삼』, 지식산업사(2009)
『권오설』1·2, 푸른역사(2010, 공저) 외 수십 권

나라 위해 목숨 바친 안동선비 **이중언**

초판 인쇄 2010년 7월 26일
초판 발행 2010년 8월 5일

지은이 김희곤
발행인 한정희
발행처 경인문화사

서울특별시 마포구 마포동 324-3
전화 02-718-4831 **팩스** 02-703-9711
www.kyunginp.co.kr / 한국학서적.kr

Copyright ⓒkyungin publishing Co, 2010,
Printed in Korea
ISBN 978-89-499-0735-2 94990
값 12,000원